El poder del NO

El poder del NO

Una pequeña palabra que te dará salud,
abundancia y felicidad

JAMES ALTUCHER
y
CLAUDIA AZULA ALTUCHER

Traducción de Gabriela Vallejo Cervantes

conecta

Los libros de Conecta están disponibles para promociones y compras
por parte de empresas, en condiciones especiales para grandes cantidades.
Existe también la posibilidad de crear ediciones especiales, incluidas ediciones con
cubierta personalizada y logotipos corporativos para determinadas ocasiones.

Para más información, póngase en contacto con:
edicionesespeciales@penguinrandomhouse.com

Título original: *The Power of No*
Primera edición: abril de 2017

© 2014, James Altucher y Claudia Azula Altucher
© 2014, Penguin Random House Grupo Editorial, S. A. de C. V. México D. F.
© 2017, Penguin Random House Grupo Editorial, S. A. U.
Travessera de Gràcia, 47-49. 08021 Barcelona
© 2017, Gabriela Vallejo Cervantes, por la traducción

Printed in Spain – Impreso en España

ISBN: 978-84-16029-99-0
Depósito legal: B-4.886-2017

Compuesto en M. I. Maquetación, S. L.

Impreso en Black Print CPI Ibérica
Sant Andreu de la Barca (Barcelona)

CN 29990

Penguin
Random House
Grupo Editorial

Para Eckhart Tolle,
por inspirarnos con las doce primeras letras de este libro,
y para el lector,
por no decir No a la lectura de esta obra

Índice

La declaración de derechos del No

La palabra No es increíblemente dolorosa y se necesita mucho valor para pronunciarla.

¿Cuántas veces hemos tenido que decir No y eso nos ha causado angustia, desesperación, discusiones y ansiedad?

Incluso las horas, los días y los meses antes de que dijéramos No se llenaron de inquietud: «¿podré hacerlo?», «¿debería hacerlo?», «¿qué puede pasar?».

Pero tenemos derecho a decir No. De hecho, existe una declaración de derechos completa. Estos ya son nuestros y este libro nos ayudará a ponerlos en práctica.

1. Tenemos derecho a defender nuestra vida

Tenemos derecho a decir No a lo que puede dañarnos directamente: un incendio, saltar de lo alto de un edificio, ingerir veneno o una sobredosis.

Por lo general, una persona dice No muy rápido a algo tan

extremo e impresionante como un incendio. Pero otras negativas son más sutiles. Es más difícil negarse a fumar, a tomar alcohol o a mantener una relación tóxica. Nosotros decidimos a qué decir No. Nadie puede hacerlo en nuestro lugar.

2. Tenemos derecho a unas relaciones sanas y al amor verdadero

Nosotros decidimos a quién decirle No. Tenemos derecho a elegir nuestra tribu, independientemente de lo que la sociedad trate de imponernos. Decidimos quién nos roba la energía vital para luego recuperarla y volar. Esto no significa que debamos volvernos unos ermitaños; solo implica que podemos elegir a la familia, los amigos, los colegas, la tribu, nuestra vida.

3. Tenemos derecho a usar nuestras habilidades y a permitir que la abundancia entre en nuestra vida

Tenemos derecho a decir No a cualquier cosa que obstaculice nuestra fuerza creativa y nos quite las ganas de disfrutar de una vida de abundancia. El mundo nos necesita de manera única, pero solo si decimos No a las barricadas.

Tenemos una misión. Solo nosotros poseemos el talento que nos es propio. Merecemos la abundancia, la riqueza y el reconocimiento por el trabajo que realizamos.

4. Tenemos derecho a afirmar lo que queramos

Cada día, los colegas, las instituciones, los jefes, los amigos y la familia quieren que estemos pendientes de sus necesidades. No lo hacen por maldad o por egoísmo, sino simplemente porque todo el mundo se comporta de esta manera, aunque lo hagan con sus mejores intenciones.

Y también tenemos derecho a nuestras propias buenas intenciones. No debemos hacer lo mismo que el resto de la sociedad. Poseemos una combinación única de ADN, de entorno, de cultura y de experiencias personales. Para que digamos a algo que sí, tiene que ser especial para nosotros.

Y a todo lo demás, sin importar las consecuencias, podemos decirle No.

Cuando aceptamos algo que en realidad no queremos hacer, este es el resultado: detestamos lo que hacemos, albergamos resentimiento hacia la persona que nos lo pidió y nos causamos daño a nosotros mismos.

5. Tenemos derecho a elegir las historias en las que queremos creer

¿Por qué han avanzado los seres humanos en la cadena alimenticia desde hace setenta mil años? Porque hemos desarrollado el lenguaje para contar historias. Tanto estas como los mitos, las religiones y las instituciones nos permiten interactuar con otros millones de seres humanos.

Los humanos somos grandes narradores. Es lo que nos separa de otras especies. Hay miles de historias comunes que están tejidas en la mitología de nuestras sociedades y que creemos reales. Algunas lo son: ir a la universidad, poseer una casa, casarse y tener hijos, disfrutar un trabajo fantástico, posponer nuestros sueños para cuando tengamos dinero, trabajar duro para lograr nuestros propósitos, llegar a diez mil horas hasta alcanzar la perfección, etc.

Tenemos derecho a decir No a las historias que no sirven para nuestra propia evolución y Sí a aquellas que se alinean con el trabajo espiritual, con el gozo y con nuestras posibilidades de alcanzar una vida plena.

El hecho de poder distinguir las historias verdaderas de las que no lo son nos permite protegernos de los siete mil millones de personas que tratan de mantenernos a raya.

6. Tenemos derecho a tomarnos nuestro tiempo

Muchas veces la gente quiere tener respuestas inmediatas. Cuando nos piden que saltemos, esperan que preguntemos «¿Hasta qué altura?».

Pero tenemos derecho a pensar las cosas. El de postergar, de decir: «De acuerdo, necesito algo de tiempo para ver cómo me siento». El derecho de conocer a la gente que entra en nuestra vida, ya sea por negocios o como relaciones personales, y decidir si encajan de manera adecuada.

Nos pasamos la mayor parte del día en grandes o pequeñas negociaciones con la gente y con nuestro entorno. Con frecuencia, la manera más adecuada de hacerlo es tomarse algo de tiempo y espacio para determinar lo que es mejor. Tendremos éxito cuando digamos Sí sintiéndonos preparados y las condiciones sean las adecuadas.

Al alejarnos temporalmente del foco reducimos el acceso a nuestra presencia. En economía básica, el valor se relaciona con la oferta y la demanda. Cuando baja la oferta, sube el valor.

Al aceptar un pequeño retraso para determinar la mejor elección aumentaremos nuestro valor en cualquier situación o relación. Pero esto no está realmente pensado para sacar un beneficio inmediato, aunque puede tener ese efecto; se trata de permitir una pausa necesaria para darnos cuenta de lo que está sucediendo de verdad y tomar las decisiones que vienen de la fuente de poder que está en nosotros, en lugar de hacer elecciones apresuradas y erróneas basadas en nuestra condición anterior.

7. Tenemos derecho a ser sinceros, sobre todo con nosotros mismos

Tenemos derecho a decir No a llevar una máscara para gustarles a los demás. Debemos sentirnos seguros de nosotros mismos y confiar en que estamos bien así, que nuestra sinceridad atraerá a gente como nosotros y que la verdad es lo que mantiene encendido el fuego interior.

El mundo está actualmente sumergido en la niebla, pero la sinceridad es un faro. Esta, el hecho de negarnos a mentir, es lo que va a permitir que los barcos perdidos puedan volver a casa. Y es lo que nos traerá salud, dinero y amor.

8. Tenemos derecho a la abundancia y una vida plena

Tenemos derecho a decir No al complejo de escasez y a todos los demás. Tenemos derecho a ser conscientes de nuestros miedos más íntimos, pero que no son nuestros en realidad; aquellos que están destinados a asustarnos, a engatusarnos y a mantenernos controlados deben pasar de largo y alejarse uno a uno.

9. Tenemos derecho a estar aquí ahora

Tenemos derecho a decir No a los viajes en el tiempo. Los enfados y los arrepentimientos pertenecen al pasado. La ansiedad y las preocupaciones están en el futuro. Viajar en el tiempo no nos ayuda ahora. Tenemos derecho a decir No a lo que no está pasando en este instante, ya que no sirve para resolver los problemas futuros, pero va a minar nuestra energía actual.

10. Tenemos derecho a guardar silencio

Tenemos derecho a decir No a todo el ruido que nos rodea, a las noticias, a las responsabilidades, a las presiones. Podemos permanecer un rato en silencio cada día, para conectar con nuestra fuerza superior, con esa parte que quiere ayudarnos, y permitirle que lo haga. Permaneceremos tranquilos y relajados un momento cada día, y sabremos que somos capaces.

De la tranquilidad fluye el infinito.

11. Tenemos derecho a renunciar

Tenemos derecho a renunciar, incluso a las ideas que nos hemos hecho sobre nosotros mismos. Este es el No más importante: decir No a lo que pensamos que somos.

Esto significa que aceptamos el camino, que podemos abrirnos y confiar en que una mano cariñosa nos cogerá la nuestra y nos guiará para que podamos dar ese primer paso.

No necesitamos impresionar a nadie. Nadie va a juzgarnos. Ninguna persona puede pararnos.

Solo necesitamos dar un paso cada vez. El camino nos llevará a donde necesitemos ir.

Por qué este libro es el adecuado

El simple hecho de haber escogido este libro y leerlo dice algunas cosas sobre nuestros lectores.

Son personas que desean mejorar su vida, ser más felices. Quieren eliminar algunos límites y poner otros.

Pueden ser límites físicos, mentales, emocionales o incluso espirituales. Queremos eliminar los obstáculos que nos han impedido tomar lo que la vida nos ofrece.

Pensemos en una persona generosa, una que es muy posible que diga Sí a los necesitados y a quien no le sea fácil decir que No a aquellos que simplemente piden demasiado.

Lo que enseñamos en este libro es que el No viene de un centro interior, espiritual. Uno que permite acceder a un poder desconocido hasta ahora.

Un poder que puede traer abundancia, de una magnitud increíble. Un poder que puede traer amor, el que merecemos. Un poder que finalmente nos traerá paz cuando podamos decir No al ruido y a las distracciones que se nos aferran.

El poder del No nos ha ayudado a nosotros, los autores, literalmente a sobrevivir. Con él, nos hemos liberado de la sociedad, de las instituciones, de los amigos, de los amores, de los colegas, jefes y sistemas de creencia que han tratado de construir una cárcel a nuestro alrededor; nos hemos liberado de aquellos que han tratado, y aún lo intentan, de controlarnos.

Cada No elimina una celda. Cada nivel de No que describimos en este libro nos ayuda a liberarnos. Como seres humanos, tenemos el derecho de hacer lo que sea necesario para encontrar esa libertad, independientemente de la forma que tome.

¿Y por qué no? El infinito existe desde antes de que naciéramos y lo seguirá haciendo cuando hayamos dejado el planeta. Así que ¿por qué no alcanzar nuestro mayor potencial, desvelar nuestros mayores poderes durante el pequeño lapso de tiempo que estamos aquí de visita?

Sabemos que quien está leyendo este libro es muy valiente y que está listo para dar el salto a fin de acceder a su propio poder.

Este poder nos ha ayudado a mantener las influencias negativas fuera de nuestras vidas y dejar sitio para las positivas, para atraer el dinero, el amor, la salud y las oportunidades. Aceptar los riesgos nos hace únicos; somos capaces de levantarnos e intentar alcanzar las estrellas. El No es un riesgo, pero ya somos lo bastante valientes como para hacer frente al poder del No.

Hay una pregunta importante: «¿Debo decir No?», y nos la tendremos que plantear en muchas circunstancias de la vida. Al pensar en ello, al preguntarnos sobre ello, al ponderarlo y al debatirlo, nos dirigimos hacia una mayor comprensión de quiénes somos, de lo que es bueno para nosotros, para nuestra vida y para la de quienes nos rodean. Al final, esta práctica nos llevará a una situación en la que podemos decir Sí a la abundancia que siempre había estado destinada para nosotros.

Después de todo, a pesar del título de este libro, el objetivo final es poder decir Sí: conducir nuestra vida hasta un Sí feliz, uno que abra la puerta de las oportunidades, de la abundancia y del amor.

Cada día damos gracias por lo que este nuevo Sí ha traído a nuestras vidas y sabemos que nuestros lectores también lo harán.

Las reglas para leer este libro

Queremos que la lectura de este libro sea una experiencia placentera, así que vamos a dar algunas directrices sobre cómo funciona.

Hay dos autores: James Altucher y Claudia Azula Altucher. Cuando alguno de ellos cuente una historia personal, ella o él nos dirá quién está hablando.

Cuando un capítulo no especifique quién habla es que ambos lo están haciendo al mismo tiempo: ya han discutido sobre el asunto hasta que las palabras salen en tropel hacia la página.

—¡Hola! —de parte de Claudia.

—¡Hola! —de parte de James.

—¡Hola! —de parte de ambos.

También hay un método dentro de la locura de nuestros capítulos.

Hay siete niveles del No.

Van desde las energías más elementales para proteger nuestros cuerpos, nuestras vidas y los límites básicos, hasta las energías más sutiles que, al canalizarse a través del poder del No, traen amor verdadero y compasión, y al final llegan hasta los límites más elevados del discernimiento y la sabiduría, que son el resultado de saber exactamente quiénes somos.

Al principio exploramos los Noes cotidianos, aquellos que se dan en las relaciones, el trabajo o que tienen que ver con la salud, o cuando un extraterrestre cualquiera trate de abducirnos en mitad de la calle (en ese caso hay que decir que No y salir corriendo).

Posteriormente comenzamos a encontrar el No en nuestro interior. La sociedad utiliza nuestros años de formación para enseñarnos todas las cosas a las que debemos decir que Sí. Ahora tenemos que aprender a cuáles es mejor decir No. Es posible que la sociedad tenga las mejores intenciones, pero al final del día somos nosotros los que debemos elegir qué vida queremos vivir.

La culpa no es de nuestros padres, ni de la escuela, ni del gobierno ni de nuestros amigos. Todos tienen sus propios problemas; es inútil culparlos. Pero tampoco hay necesidad de aceptar sus historias. Es el momento de crear las nuestras.

Al final nos encontramos con el No que está profundamente enraizado en nosotros: el silencio. Es el lugar desde donde fluye la sabiduría. Cuando escarbamos en el pozo que lleva a esta, podemos beber de él para siempre.

Ese es el No que lleva al verdadero poder.

Cuando alcancemos esa corriente, es que ya podemos decir ¡Sí! y saber que viene desde nuestra propia sabiduría interior. Es entonces cuando decimos ¡Sí! desde un punto de total equilibrio, desde el corazón.

Estas son una serie de directrices a tener en cuenta al leer este libro:

a) Leer este libro es bueno.

b) Seguir pensando en él después es cien veces mejor.

c) Practicar lo que dice es cien mil veces mejor.

Decir No en muchas áreas de la vida es muy difícil: se necesita bastante práctica. Así que en muchos de los capítulos propondremos algunos ejercicios. Lo que vamos leyendo ayudará a realizarlos. Hay una práctica diaria de conciencia que lleva a nuestro propio poder.

Pero no hay ejercicios en cada capítulo. Después de todo, parte de la idea es deshacerse de la confusión en nuestra vida, y limpiar los espacios para que el silencio y el poder puedan entrar. Teniendo eso en mente, tampoco hemos querido cargar de trabajo a los lectores. Pusimos ejercicios donde creímos que podrían ser más útiles. Es bueno tenerlos para poder hacerlos cuando sea necesario. Lo sabemos porque cuando nos olvidamos de decir No hay consecuencias. Y es mucho mejor poder reconocer nuestros propios sentimientos, dar un paso atrás, reflexionar y preguntarse por el poder del No, que experimentar sus resultados.

Y hay algo que siempre hay que recordar: una cosa es decir No, y otra tener el poder del No.

La segunda palabra más poderosa

JAMES: Todos cometemos errores de los que luego nos arrepentimos. Dejamos un trabajo solo para encontrar otro peor. Compramos una casa y luego la vendemos por un precio inferior, y perdemos mucho dinero.

Engañamos o traicionamos a nuestra esposa de alguna manera y luego perdemos a la familia, a los hijos o nuestros bienes; nos encontramos solos y necesitados de afecto. O peor aún, nos traicionamos a nosotros mismos.

Comemos cosas poco saludables y terminamos con problemas digestivos. Por supuesto, sabemos que estos primeros síntomas empeoran con la edad: cáncer, Alzheimer, diabetes y otras enfermedades.

Pasamos mucho tiempo con gente que no nos inspira.

Una vez, una persona nos escribió preguntándonos:

—Estoy siguiendo los consejos que sugieren y he encontrado una gran cantidad de ideas que pueden mejorar mi vida. El único problema es que cuando salgo a tomar algo con mis amigos el viernes por la noche, todos se ríen de mis ideas. ¿Qué puedo hacer?

—Hay una solución muy sencilla —le contestamos—: quédate en casa el viernes por la noche.

Nunca volvimos a saber de él.

Pero estos no son errores que valga la pena lamentar. Esto es solo lo que significa ser humano, algo que resulta difícil.

La cosa más difícil que hemos hecho después de todo es haber nacido. A partir de ese momento tenemos hambre, no solo de comida, sino de experiencias, de placer y de cosas que no podemos tener. Pero seguimos estando hambrientos de ellas.

A veces parece que todo el mundo sonríe y es feliz, y nos preguntamos cómo pueden disimular tan bien. Esas sonrisas parecen dibujos sobre una máscara, y podemos creer que son reales.

Vivimos en un sueño creado por nosotros mismos. Y cuando decimos «nosotros», estamos hablando de los autores de este libro. ¿Cuántas veces en el pasado hemos deseado más, pero hemos tenido miedo de decírselo a la gente?

¿Cuántas veces hemos tenido miedo de que la gente pensara que no somos perfectos si nos mostramos cómo somos en realidad? ¿Cuántas veces nos limitamos a nosotros mismos porque pensamos que perderemos oportunidades si alguien se enterara de quiénes somos realmente? ¿Cuántas veces hemos terminado por los suelos?

Este es el error que cometemos con frecuencia. Y así es como los autores de este libro se conocieron, y estamos muy orgullosos de decirlo.

Los dos estábamos por los suelos, nuestras vidas estaban arruinadas. Y no solo las nuestras, sino la de los que nos rodeaban. No nos conocíamos; no teníamos ni idea de que el otro existía. Pero ambos lo hicimos más o menos por la misma época: dijimos una sola palabra. Esta lo cambió todo. Sabíamos que ya no podíamos seguir haciendo las cosas como hasta entonces, y que nuestra manera de pensar nos había llevado a estar tan mal. Sabíamos que ya fuera un amigo, un colega, un desconocido en la calle, una presencia divina o el subconsciente, solo había una palabra que podía hacer que nos levantáramos y encontráramos el camino para descubrir el poder del No.

Tuvimos que decirlo y lo hicimos. Esperamos que nuestros lectores también puedan lograrlo. Es una palabra que conduce a la gratitud, a la compasión, a la abundancia, al amor, a la renuncia y a la vida.

Ayuda.

Érase una vez...

CLAUDIA: Cuando yo era muy pequeña, mi tía Meldy me preguntó una cosa que me dejó helada. Creo que incluso dejé de respirar:

—¿A quién quieres más, a tu tía Marta o a mí?

Recuerdo cómo de repente todo se paró, y la tensión nerviosa invadió el ambiente, básicamente porque los adultos dejaron de hablar. Todo el mundo me miraba. Querían saber qué podía responder una niña tan pequeña a una pregunta tan importante.

También yo me detuve, dejé de moverme como hacía siempre, es decir, correr hasta el baño a encender el secador del pelo, otra vez a la cocina para abrir la nevera y luego vuelta al baño, también corriendo, para ponerme rulos en el pelo.

Yo era un tornado. Pero a veces hasta uno de ellos necesita reducir la velocidad y tomarse un momento para respirar.

Así que reflexioné sobre la pregunta. Incluso con seis años, sabía que ahí había un truco. Había muchos sentimientos involucrados. Pero dije la verdad.

—A Marta —respondí.

Marta siempre me había querido, pero también trataba de evitar que me hiciera daño; quería protegerme. Ahora mismo el universo desea protegernos si le damos la oportunidad. Si escuchamos.

Los adultos se quedaron mirándome. Y entonces añadí:

—Porque ella a veces me dice que no.

1

El No que elige la vida

«Tenemos derecho a defender y a vivir
nuestra vida...»

CLAUDIA: «Me quiero morir» es la frase de búsqueda más popular en Google a través de la cual se llega al blog de James. Es horrible, ¿no? Pensándolo mejor, ¿lo es?

Después de vivir durante muchos años he llegado a entender que nadie lo tiene fácil. Cualquiera, a partir de los dos años o tal vez incluso antes, puede hablar de dificultades. «Mamá se fue al supermercado y pensé que no iba a volver nunca.» «No soy muy popular por culpa de los hierros que llevo en los dientes y la gente sube fotos horribles mías a Instagram.» «Estoy divorciada, arruinada y muy asustada.»

A veces estas dificultades son más de lo que podemos soportar. Con frecuencia son mensajes divinos para despertarnos y mostrarnos lo que tenemos que hacer para volver a ser nosotros mismos.

Cuando me he encontrado a punto de pronunciar esas tres palabras: «Me quiero morir», no es la muerte física la que estoy buscando, sino una de otro tipo. Lo que siempre he querido, una y otra vez, es la muerte de los viejos hábitos, de comportamientos y patrones de pensamiento que ya no me sirven, de las actitudes y las respuestas que hacen que me mueva en círculos y que me quede atascada. He deseado la muerte de lo que está en mí y que me impide alcanzar una vida nueva.

Muchas veces esto ha implicado aceptar que suicidarme no es la respuesta. Es una lección que aprendí muy temprano, aunque eso no me evitó, ni tampoco a James, que lo intentáramos en algún momento.

El Espíritu trata de enseñarnos lo que hemos venido a aprender.

Cuando lo vemos de esta manera, encontramos un significado, y el sufrimiento se transforma. Estamos listos para escuchar y actuar sobre las cosas que podemos controlar.

Estamos listos para vivir.

Cómo el poder del No salvó mi vida física

JAMES: Cuando estaba pasando por mi momento más bajo, cuando todo desapareció de mi vida, consideré la idea de suicidarme.

Una vez escuché una historia: si ponemos tres cigarrillos en un vaso de agua, la nicotina se filtrará en el agua durante toda la noche. Beber esa agua por la mañana puede provocar un ataque cardíaco que nos mate en sesenta segundos.

De ese modo mis hijos por lo menos tendrían el dinero

de mi seguro de vida. Y tal vez así el mundo sería un lugar mejor.

No quería seguir viviendo.

Eran las tres de la mañana, el momento en el que las pesadillas se ríen a carcajadas, compinchadas con la realidad.

Una de mis hijas pequeñas se levantó y vino a la habitación en la que estaba sentado.

—Papi —me dijo—, he tenido una pesadilla.

—Cariño, vuelve a la cama a dormir.

—No puedo. Tengo miedo.

—Cuenta hasta cien ovejitas.

Se frotaba los ojos.

—Eso no funciona —insistió.

—A veces uso esta técnica —le conté—. En lugar de ovejitas, hago una lista de cien cosas por las que me siento agradecido. Esa siempre es una manera muy agradable de quedarse dormido.

—De acuerdo —accedió, y regresó a su habitación.

Respiré profundamente y comencé a hacer una lista de las cosas por las que estoy agradecido.

El agradecimiento es un puente entre el mundo de las pesadillas y aquel en el que tenemos la libertad de decir No. Es el puente entre el mundo de las ilusiones y el de la creatividad.

Es el poder que trae a la muerte de vuelta a la vida, que convierte la pobreza en riqueza y la cólera en compasión.

Le dije No al suicidio.

Y todavía sigo vivo.

EJERCICIO
SALVAR LA VIDA

Si algún lector se siente en peligro de poder atentar contra su propia vida, le pido que lo deje todo ahora mismo y haga lo que es más necesario: pedir ayuda. Debe encontrar a otra persona y decirle a él o a ella alto y claro: «Necesito tu ayuda porque estoy pensando en hacerme daño».

Hay que hacerlo ahora, porque es imposible ver las cosas con claridad cuando se está solo y atrapado en un torbellino mental de cólera que gira en nuestro interior.

Esto no es un signo de debilidad; de hecho, es la cosa más valiente que se puede hacer.

Si no estamos en peligro, si tenemos un asidero en nuestra vida y estamos listos para continuar el camino, entonces la gratitud será el camino para salir de nuestra cabeza y llevarnos de nuevo hacia el flujo de la corriente. Recordemos que la abundancia ya está en nosotros.

Hagamos esto: cada día de esta semana escribiremos un correo electrónico a las personas que nos han hecho un favor en algún momento de nuestra vida y les diremos por qué les estamos escribiendo.

No esperaremos una respuesta, pero documentaremos esas cartas, y cualquier contestación que llegue, en un diario.

Aunque parezca difícil de creer, esta no es solo una

práctica espiritual, sino también de abundancia. La abundancia y la espiritualidad van de la mano.

Cuando se goza de abundancia, nos convertimos en el pozo infinito del cual otros pueden beber. Cuando nos abrimos a la espiritualidad, el universo nos recompensa con sus favores. Estas dos cosas están íntimamente conectadas.

En el tercer nivel del No vamos a explorar más maneras en las que nos podemos reinventar. Pero el desafío de los correos electrónicos ayuda a reconocer la existencia de la gente buena que está en nuestra vida y saber a quién decir Sí y a quién decir No. Este es con frecuencia el primer paso.

Cómo el poder del No salvó mi vida emocional

JAMES: La primera chica con la que salí después de separarme de mi primera esposa me preguntó, solo media hora después de habernos conocido, cuál era el valor neto que me daba a mí mismo.

Fui honesto y se lo dije.

—Eso no es suficiente —me contestó.

En otro momento le pregunté:

—¿Por qué no me has presentado a tus amigos?

—Porque estás demasiado loco —respondió ella.

Eso tenía sentido. Yo no presento mis amigos locos a los que son normales. Uno de sus amigos estaba haciendo campaña para llegar al Senado, para ser gobernador o algo así. Le hubiera creado muchos problemas si lo vieran junto a un loco, aunque me habría gustado postularme para ser su vicepresidente si en el futuro hubiera llegado tan lejos.

Una vez me dijo: «Mi gente puede destruir a la tuya».

Lo dudo. Mi gente en ese momento eran más bien zombis, y en las películas se suele ver al gobernador totalmente impotente frente a un ejército zombi.

Pero no podía decirle eso sin revelarle mi verdadera identidad.

Así que rompimos. Me gustaría pensar que yo la dejé, si no fuera por la conversación que tuvimos cuando me llamó y me dijo: «No estoy lista para ti. Necesito tiempo, mucho tiempo».

Y entonces rompí con ella.

En ese momento me encontraba en la librería Borders; ella estaba en la primera inauguración del presidente Obama y yo todavía tenía una BlackBerry.

Esas teclas grandes que requieren poca presión. Estábamos chateando. Recuerdo haber escrito «r… o… p… e… r» y luego volver atrás para corregirlo. Extraño mi BlackBerry.

En esos días incluso un poco de comida china podía llevar a las personas a la iluminación. La gente estaba teniendo orgasmos con la política y todo el país parecía ir directo hacia el Apocalipsis.

A mí nada parecía importarme; lo único que quería era estar solo, desayunar perritos calientes, tener miedo de estar arruinado y deambular por las librerías esperando encontrar a alguien que pasara tiempo conmigo.

Estaba perdiendo a mi familia. Había perdido mi trabajo. Había perdido mi casa. Había perdido millones de dólares, los volví a ganar, los volví a perder, y así una y otra vez.

Y entonces fue cuando una ventana que estaba sucia, turbia, algo rota y un poco congelada se iluminó para mí. Yo ya estaba muerto. Tuve que decir que No a la vida que había creado para mí mismo desde el nacimiento. Esa vida simplemente no funcionó.

Empecé a decir No a la gente que no era adecuada para mí. Empecé a decir No a todo lo que no quería hacer.

Cuando hay un diminuto fragmento de algo asqueroso dentro de la sopa, no importa cuánta agua le pongamos ni cuántas especias añadamos: sigue habiendo algo asqueroso en la sopa.

Le había estado diciendo Sí a las cosas equivocadas durante veinte años.

En seis meses mi vida cambió radicalmente. Conocí a Claudia. Me mudé a un apartamento más o menos decente. Comencé a trabajar en algunas ideas que me estaban dando dinero. Y cada vez necesitaba menos cosas para ser feliz: era un auténtico minimalismo. Ese es el poder del No.

Desde entonces, cada seis meses mi vida se ha transformado. Incluso estos últimos días, mientras escribo, han sucedido cosas increíbles. He entrevistado a Wayne Dyer en mi programa de radio, por ejemplo. Y me he preguntado: «¿Cómo ha podido suceder algo tan increíble?». Después de todo, él no suele conceder tantas entrevistas y, hasta ese momento, él no había oído hablar de mí.

Cuando se empieza a decir No a las cosas malas, los Síes

comienzan a formar el día a día y a sumarse automáticamente, como lo hacen los intereses en una cuenta bancaria.

Podemos pensar que no es posible decirle que no a una situación en la que muchas otras personas están involucradas, o a un trabajo o a una familia disfuncionales. Así que propongo al lector que me escuche y que siga leyendo. Siempre hay una manera. Tal vez no inmediata, pero existe.

Cuando una mujer me preguntó cuál era mi valor neto, no pude decir No, levantarme e irme; acabé desperdiciando tres meses de mi vida. Eso puede sonar muy fácil ahora, pero entonces no sabía cómo hacerlo.

Hoy sí puedo. Ahora soy libre. Dejé de comerme la vieja sopa. Ahora me como la que yo mismo he cocinado.

Decir que No a una muerte cuyo momento no ha llegado

JAMES: ¡Cuántas veces nos dan recetas para el éxito, para que nos motivemos a encontrar un propósito!

¡Hay que escribir listas de las cosas que queremos hacer! ¡Haz esto! ¡Y también lo otro! ¡Toma estas pastillas y llámanos por la mañana!

La industria del antienvejecimiento es así. Hay una gran lista de cosas que debemos realizar si queremos vivir más tiempo. Nosotros no queremos dar más cosas que hacer.

A veces es importante no hacer más cosas, incluso aunque pensemos que estas nos van a mejorar la vida. Todos somos ya gente bastante ocupada. ¿Quién necesita el estrés de tener que hacer todavía más? A veces es importante realizar menos para poder atraer la abundancia.

¡Pero sería importante tratar de vivir más para tener más tiempo y practicar las cosas que incluimos en este libro!

Hay un truco muy simple para vivir más. Y no tiene que ver con hacer más cosas. Casi nos sentimos un poco tontos al decirlo: no hacer cosas que pueden llevar a la muerte.

Eso es todo. Hay que posponer la muerte. Por lo menos hasta donde se pueda controlar.

Vamos a profundizar un poco más en ello. Conforme más profundicemos, comprobaremos que este ejemplo puede aplicarse a muchas áreas de nuestra vida.

En la página web del Centro para el Control y la Prevención de Enfermedades (https://www.cdc.gov/) aparecen las principales causas de muerte en Estados Unidos el año pasado. Estas son las diez primeras:

1. Ataque al corazón
2. Cáncer
3. Enfermedades respiratorias crónicas
4. Infartos (enfermedades cerebrovasculares)
5. Accidentes (lesiones involuntarias)
6. Alzheimer
7. Diabetes
8. Nefritis, síndrome nefrítico y nefrosis
9. Gripe y neumonía
10. Daños autoinfligidos (suicidio).

Esta es una información fantástica. Tal vez nuestros abuelos murieron de enfermedades del corazón. Puede tratarse de una afección genética. ¿No sería genial poder evitar las enfermedades cardíacas?

¿Eso significa que debemos beber vino? ¿O tomar algún tipo de pastilla para diluir (o espesar) la sangre? ¿O será mejor una operación?

No. Eso significa que podemos elegir decir No a las cosas que causan las afecciones cardíacas:

- Fumar
- Hipertensión (podemos intentar reducir el estrés y la rabia)
- Una vida sedentaria (caminar diez minutos al día, hacer pausas en el trabajo cada cuarenta minutos)
- Una dieta inadecuada (comer más verduras o, mejor aún, beberlas)
- Obesidad
- Abuso del alcohol
- Exceso de sal

Eso es todo. De modo que si tenemos un historial de enfermedades cardíacas nuestra familia, podemos decir No a todas estas cosas y vivir más de lo que habríamos vivido de no haberlo hecho.

Tal vez sea difícil decir No a todas esas cosas al mismo tiempo. De acuerdo, elegiremos solo una. Y después, dos.

Seguro que más tarde más de uno nos lo agradece.

Lo mismo puede aplicarse a todo. Pensemos en algo importante para nosotros: dinero, matrimonio, las relaciones con los hijos o con los amigos.

Mucha gente nos pregunta: «¿Cómo puedo conocer a la mujer (o al hombre) de mis sueños?».

¡No tenemos ni idea! Tal vez esos sueños sean pesadillas.

Lo mejor es hacer una lista de las cosas en las que podemos evitar nuestras peores pesadillas. Es un buen inicio.

EJERCICIO
DECIR NO AL ESTRÉS

A veces necesitamos descanso y límites adecuados. A veces necesitamos hacer menos. Cuando olvidamos que tenemos ritmos y ciclos como los de la naturaleza (porque somos parte de ella), forzamos las cosas, trabajamos en exceso, tratamos de encender la vela por los dos extremos y hacemos malas elecciones como consecuencia de nuestro estado de agotamiento.

Este ejercicio ofrece maneras de proteger nuestro espacio interno de felicidad, la fuente de sabiduría de la que parten todas las decisiones.

Elegiremos algo muy importante para nosotros. Puede ser cualquier cosa: por ejemplo, el arte, el sexo, la relación con la comunidad, el trabajo. Luego haremos una lista de las cosas a las que diríamos No para poder mejorar una parte de nuestra vida. Por ejemplo, es muy importante mantener bajo el nivel de estrés, así que aquí hay cinco cosas a las que decir No para poder tener días más centrados y relajados:

1. Decir No a cualquier cosa que obstaculice nuestras prácticas diarias, sin considerar lo importante que pueda parecer.
2. Decir No a cualquier cosa que evite que podamos sentarnos en silencio unos minutos cada día.
3. No ver las noticias por televisión o por internet (somos lo que mentalmente «nos tragamos»).
4. No hablar con gente que sabemos que no nos respeta o que nos rebaja.
5. No discutir con la gente. Está bien decir «Tienes razón» si eso se traduce en un ahorro de tiempo y energía.

Pensar en la energía en estos términos nos ayuda a reconocer cuándo necesitamos poner un límite y cuándo pedir ayuda.

Decir No a la cháchara negativa

El poder del No se desprende desde el centro de nuestro ser.

- Necesitamos discernimiento (para saber cómo identificar el tejido de los mitos en la vida).
- Necesitamos compasión (para saber cuándo nuestro poder puede hacer daño a los demás).
- Necesitamos salud (para tener la energía necesaria a fin de crear la vida que queremos vivir).

La mayor parte de la gente quiere, o trata de hacerlo, a sus hijos, a sus parejas y a sus amigos. La mayor parte de la gente trata de cuidar a las personas que quiere y estar ahí para ellos.

Pero a veces nos quedamos atascados. Nuestras obligaciones entran en contradicción con los verdaderos deseos que proceden del fondo de nosotros mismos y no pueden ser ignorados.

Nos atascamos en las conversaciones y parloteos negativos que se vuelven un comentario constante sobre nuestras vidas, como un informativo que solo da las malas noticias que ocurren durante todo el día.

Ejemplos de cháchara negativa: «¿cómo pudo hacerme eso?», «¿por qué esa persona me hace quedar como un idiota?», «¿soy feo?», «¿cómo voy a sobrevivir hoy a mi trabajo?», «¿seré capaz de pagar mis facturas?». Y así, sin parar.

A lo largo del día pueden asaltarnos las dudas. Tal vez a algunas personas no, pero a los autores, Claudia y James, sí y con mucha frecuencia.

Pensamos en gente del pasado que nos ha hecho daño e inmediatamente nos enojamos. A veces incluso nos obsesionamos con nuestro enfado.

O nos preocupamos por un acontecimiento futuro y sentimos miedo.

Es una práctica constante para muchos de nosotros, que nos hace tener dudas sobre nosotros mismos y que nos provoca ansiedad durante todo el día.

A veces nos maltratamos a nosotros mismos más de lo que nunca lo haríamos a alguien a quien queremos. Esta es la peor forma de crueldad. Es necesario ser consciente, cada día, de cuántas de estas actitudes están sucediendo y luego poder decirnos a nosotros mismos: «Estoy aquí, cariño. Te quiero y me gustaría cuidar de ti».

EJERCICIO
LAS TRES CLAVES PARA DETENER LA CHÁCHARA NEGATIVA

La primera clave es ser conscientes de cuando estamos empezando a sentir «la ira». Esta nunca logra nuestro objetivo.

La segunda clave es tratarnos a nosotros mismos como a alguien a quien queremos. Y si no, «fingiremos hasta que lo logremos». Imaginaremos a alguien por quien sentimos cariño y pensaremos lo que le diríamos a él o a ella. Ahora nos lo diremos a nosotros mismos.

Nos abrazaremos a nosotros mismos como una madre lo haría con su hijo.

La tercera clave es tratar a los demás con amor. Sin la primera y la segunda clave para saber cómo hacerlo, esto sería más difícil.

Pero es importante. ¿Vamos a quedarnos con la ira o vamos a practicar la compasión? Podemos elegir, pero esperamos que todo el mundo elija la segunda.

HACEMOS ESTOS EJERCICIOS PORQUE...

La razón para ello y para tener otra perspectiva sobre el cambio en nuestra vida es que este es algo muy difícil.

Nos hemos pasado la vida siendo programados para lo que es «correcto» y para lo que está «mal». Pero ahora estamos abriéndonos a nuevas maneras de ver las cosas.

Estos métodos permiten que un gran poder entre en nuestras vidas para manifestar un cambio real.

Todos estos métodos están diseñados específicamente para dejar que la abundancia entre. Para permitir que la riqueza entre. Para dejar que entren el amor y la creatividad.

Todos ellos comienzan con la confianza: se puede estar seguro de que hay buenas razones para leer este libro.

¿Qué podemos hacer cuando tocamos fondo?

JAMES: Vendí mi primer negocio por mucho dinero. Esto se convirtió en mi peor pesadilla. A principios de la década de 2000, mi empresa hacía páginas web para compañías de entretenimiento, como Bad Boy Records, Miramax, Time Warner, HBO, Sony, Disney, Loud Records, Interscope y otras más. Ah, y Con Edison, una de las mayores empresas energéticas de Estados Unidos.

Entonces me di cuenta de que, en secundaria, los niños ya estaban aprendiendo HTML, así que vendí el negocio.

Compré un apartamento que me costó millones de dólares. Lo remodelé por completo. ¡Incluso seguí las reglas del feng shui! Compré obras de arte, jugué mucho al póker e invertí en varias compañías: un millón aquí, algunos cientos de miles por allá.

Luego empecé nuevos negocios. Y compré más cosas. Y después me volví adicto, de la peor clase.

De junio de 2000 a septiembre de 2001, probablemente perdí un millón de dólares a la semana.

No podía parar. Quería volver otra vez a la cima. Deseaba ser querido y tener cien millones de dólares para que la gente me amara.

Me sentía lleno de arrepentimiento. Pude haber hecho mucho bien, pero en lugar de eso lo desperdicié todo.

Y cuanto más me arrepentía, más viajaba en el tiempo, lejos del presente, viviendo una y otra vez en el pasado.

Sentí que iba a morir. Y de alguna forma, esa manera de

llegar a cero equivalía a la muerte. No podía creer lo estúpido que había sido. Perdí a todos mis amigos, nadie me devolvía las llamadas. Fui al cajero automático y descubrí que solo me quedaban ciento cuarenta y tres dólares.

No tenía trabajo; no tenía nada.

Un fin de semana, cuando tenía cero dólares en mi cuenta bancaria, llamé a mis padres para pedirles dinero prestado y me dijeron que no. Esa fue la última vez que hablé con mi padre, ya que seis meses más tarde murió de un infarto.

Probé la meditación para intentar calmarme, pero no funcionó. Sentía demasiada ansiedad. No podía dormir. Perdí catorce kilos. Mido un metro setenta y cinco y bajé de setenta y dos a cincuenta y ocho kilos. No tenía a nadie con quien hablar. No podía moverme y dejaron de ocurrírseme ideas. Lloraba todos los días.

No había ni un solo momento en el que no me sintiera enfermo. Había decepcionado a mis hijos, y eso me hacía desear aún más la muerte, para que ellos nunca se acordaran de mí.

Mi esposa por aquel entonces, mis hijos y yo nos mudamos a unos ciento treinta kilómetros al norte de la ciudad de Nueva York con el poco dinero que sacamos al vender el apartamento por debajo de su precio real. No pude salir de la casa durante tres meses. Me sentía terriblemente deprimido. Recuperé el peso que había perdido, y otros quince kilos más. Llegué al punto en que o moría o alimentaba a mi familia. Así que me vi obligado a escogerme a mí mismo.

Pero primero necesité volver a asentarme. Y eso no sucedió de la noche a la mañana. No es que ya no tuviera nada que perder y que de repente me sintiera infinitamente feliz. No se puede pasar de estar tirado en la lona a sentirse como si se volara por el firmamento. Tal vez algunos puedan, pero yo no.

Así que empecé con lo fundamental. Comencé a ejercitar los músculos básicos de una vida sana, física, emocional, mental y espiritualmente. Debía hacerlo por mi propio bien. Pero recuperar la salud también era lo mejor que podía hacer por la gente que me rodeaba, y a la que quería.

EJERCICIO
LA PRÁCTICA DIARIA PARA LEVANTARSE DE LA LONA

JAMES: No se puede dejar atrás la desesperación y el dolor de un plumazo. No existe la magia. Vivir es una actividad diaria, y así es la práctica para salir de la depresión, o para levantarnos de la lona e iniciar el viaje de regreso desde la oscuridad.

La Práctica Diaria es lo que a mí me ha funcionado una y otra vez en mi viaje de regreso desde las noches más oscuras de mi vida. Y continúa cambiando mi vida a mejor cada seis meses. Si olvido esto, puedo caer otra vez en la depresión.

Esto es lo que hice:

• Comencé a hacer ejercicio cada día y a comer mejor: nada de desayunos opíparos, un buen almuerzo, una cena ligera y nada de tentempiés.

- Empecé a dormir nueve horas al día. Me extenderé sobre esto más adelante.

- Comencé a rodearme solo de gente que me quería y me apoyaba. Rompí los lazos con quienes me hacían sentir mal con su presencia.

- Escribí cada día ideas sobre artículos que podía redactar y negocios que podía emprender. Poco a poco empecé a recibir dinero por escribir. Si no se ejercita el músculo de las ideas, se atrofia como cualquier otro. Y lo hace rápidamente. Hay que trabajarlo todos los días, hasta que se convierta en una máquina de ideas.

- Decidí que quería ayudar a la gente y ser honesto cada día. Me sentí agradecido por mis hijas y por las cosas que tenía. No estaba evitando la realidad ni el arrepentimiento. Esta era mi realidad y quería aprovecharla al máximo.

- Aprendí a rendirme. Si un atleta llega preparado a la carrera y lo hace lo mejor que puede, entonces es un verdadero profesional y puede rendirse ante los resultados. Debía hacerlo ante la realidad de que no puedo controlarlo todo. Pero puedo estar listo.

- Cada día vengo al juego preparado.

Y la vida mejora. Me volví una máquina de generar ideas. Comencé otros negocios y luego los vendí. Empecé a escribir y tuve millones de lectores. La vida era buena.

Luego dejé de usar las técnicas fundamentales que acabo de describir. Y eso resultó fatal; hice todo lo que no debía. Me comportaba como un adicto. Abusaba de todo. Ese era yo, una vez más.

Y de nuevo lo perdí todo. Todo. ¡Ah! Tuve que volver a empezar. No podía creer que debía comenzar de la nada.

Cada vez que he perdido dinero y amor es porque he abusado física, emocional, mental y también espiritualmente de mi salud. Ahora, cada día sin excepción, realizo la Práctica Diaria para ejercitar los músculos básicos de una vida sana. Y ha funcionado. O eso espero. Y rezo por no echarlo todo a perder de nuevo.

Con frecuencia escuchamos que lo importante no es el destino, sino el camino. Pero eso no es cierto y nunca lo ha sido. Tiene que ver con el ahora, con elegir ahora mismo la salud en cada una de las cuatro áreas y decir que No a cualquier cosa que pueda bloquearla.

El ahora es el único lugar donde podemos estar, y podemos elegir no desperdiciarlo.

2

El No que trae amor verdadero, creatividad y abundancia

«Tenemos derecho al amor real
y comprensivo; tenemos derecho
a despegar con la creatividad y volar
con la abundancia...»

¿Por qué el sexo y el amor aparecen tan pronto en un libro que trata sobre decir No?

Es una pregunta justa, y aquí va otra: ¿cómo se relacionan el sexo y el amor con la abundancia y la creatividad? Para explicarlo de manera simple, la clave para acceder a nuestras fuerzas creativas es elegir qué relaciones y qué gente debemos dejar entrar en nuestras vidas.

Cuando se trata de sexo y de la idea de qué puede ser el amor, sobre todo si nos basamos en las películas de Hollywood, todos tenemos un gran potencial para descarrilar brutalmente de las vías de nuestro tren creativo y desembocar en un oscuro páramo psicológico del que podemos tardar años en regresar.

Cuando se trata del sexo y del amor corremos el riesgo de transformarnos en alguien irreconocible: actores, en lugar de gente real. Cambiamos para agradar a los demás, darnos aires de grandeza y, por supuesto, exagerar para impresionar.

Cuando los Noes no están en su sitio, nos volvemos vulnerables al abuso. La vulnerabilidad abre una puerta y las terribles fuerzas de la perdición tienen la posibilidad de entrar. Y lo harán.

Pero esto está bien. En muchos casos, simplemente nunca aprendimos a amar. O no seguimos los ejemplos adecuados o tuvimos los maestros equivocados.

Pero si nuestros Noes no están bien puestos en su sitio, cuando nos enfadamos o nos sentimos heridos, nos quedamos inconscientes y de inmediato buscamos la siguiente emoción para distraernos, para atontarnos o para volvernos insensibles.

El sexo es una gran distracción, y las relaciones amorosas que se inician por las razones equivocadas son un sustituto maravilloso. ¡Eh! Al fin y al cabo, estamos perfectos en el papel.

Filtrar a la gente que dejamos entrar en nuestras vidas es tal vez el factor más importante para determinar si viviremos o no una vida feliz, ya que si dejamos entrar a la gente equivocada podemos perder nuestra energía, y si esto es así, ¿cómo podemos esperar gozar de abundancia y creatividad?

Simplemente no funciona.

Si hay gente desagradable a nuestro alrededor, nuestra vida será así; si hay gente entusiasta y que nos da todo su apoyo, tenemos una vida creativa y abundante. La gente que solo produce dolor es la que nos roba la energía. No permitamos que nos quiten nuestra maravillosa energía. No lo digo como una fórmula poética: es una petición. Por favor, no mantengamos en nuestra vida a la gente que siempre está derribándonos.

Hemos visto a muchas personas perder sus negocios, su familia y su herencia bajo la compulsión de pagar prostitutas o comprar coches caros para vanagloriarse. Hemos visto a gente que se casa en el furor del momento solo para separarse una semana después, aunque la energía parecía ser fabulosa en ese instante especial. Hemos visto a mujeres mantener relaciones donde abusan de ellas por razones incorrectas (dinero, un falso sentido de la seguridad, una casa) y morir, literalmente, por todo eso.

Reconsideremos a quiénes llamamos amigos, amantes y socios, y puede que nos sorprendamos. Porque si no decimos que No a la gente desagradable, la vida se nos puede ir por el retrete.

EJERCICIO
¿QUIÉN FORMA PARTE DE NUESTRO CÍRCULO MÁS ÍNTIMO?

Hagamos una lista de la gente más cercana en nuestra vida: familia, amigos, compañeros de trabajo, vecinos. Cualquiera que veamos más de cinco veces a la semana.

Califiquemos en una escala del 1 al 10 cómo nos sentimos después de interactuar con esa persona, siendo el 10 la mejor calificación.

Intentaremos alejarnos de quien tenga menos de 8. Si baja de 5, todavía nos separaremos más.

Si los vemos en el trabajo, los saludaremos con amabilidad, pero intentaremos no tener más contacto con ellos.

Nos convertiremos en cirujanos. Operaremos todas nuestras relaciones sociales. No importa de quién se trate: jefe, familia, colegas, cualquiera. Esto no significa que seamos egoístas y que evitemos a la gente que nos necesita. Podemos estar ahí para ayudarlos. Pero nos pondremos la máscara de oxígeno los primeros cuando el avión vaya a realizar un aterrizaje de emergencia.

Tampoco significa que debamos eliminar completamente a la gente que tenga una baja calificación en la lista. No se trata de un interruptor de encender y apagar, sino de uno que permite bajar la intensidad de la luz. Es un instrumento que nos permite discernir para que podamos alcanzar el máximo potencial creativo.

Decir No a la gente que sabemos que no es buena para nosotros

CLAUDIA: Me enamoré de Tim en el otoño de 2002. O por lo menos eso es lo que me dije a mí misma mientras caminaba desde la librería flotando por los aires.

Para ser sincera, lo que hice fue proyectar en él todas las cualidades que esperaba que tuviera y luego lo amé por ello.

Es curioso lo inconscientes que podemos ser cuando se trata de relaciones románticas.

Él era un virtuoso del piano; tenía talento y dinero.

Yo tenía un trabajo que odiaba y nada donde mostrar mi creatividad. Mis propios talentos estaban completamente enterrados bajo mi miedo a crear cualquier cosa. Y además, estaba sin blanca.

En nuestra segunda cita me llevó a su estudio y tocó, solo para mí, una de las composiciones de Liszt más románticas, *Liebestraum*, que, no podía ser más claro, quiere decir «sueño de amor» en alemán.

Mientras Tim tocaba, me quedé boquiabierta al tiempo que la electricidad comenzaba a subir por mi interior; un cosquilleo recorrió todo mi cuerpo: una verdadera adicción. A veces no podía evitar cerrar los ojos. La ilusión me estaba embriagando.

Él era el elegido.

Yo no sabía nada sobre él. Solo que era para mí.

Y así de fácil, caí en un tornado de adicción amorosa. Me intoxicaba. Me sentía intrigada y deseaba más. Quería casarme con él. Y él, por supuesto, aprovechó la oportunidad de acostarse conmigo.

Tras el recital de piano tardó seis meses en volver a llamarme. Pero me emocioné cuando lo hizo.

¿Qué importaba el medio año de ausencia inexplicable? Yo lo amaba. ¿Por qué mis pocos amigos no podían entender esto? Tal vez era porque no se lo había dicho a nadie. Quería sorprenderles a todos con la boda y mi mente ya estaba planeándolo todo.

No me podía creer que, después de la tercera cita, no me llamara al día siguiente, o al otro. Intenté ponerme en contacto con él, pero no recibí respuesta.

Volvieron a pasar varios meses. Me convencí a mí misma de que probablemente era tímido o estaba viajando.

La tercera vez que me llamó, le dije a una amiga que no podía resistirme a él, que tenía poder sobre mí.

Ella me respondió que no era así; yo era la que se lo estaba dando y la que necesitaba decirle No cuando estaba diciéndole Sí.

Salí otra vez con él. Comimos en un restaurante, olí las flores y de nuevo creí ver señales de lo que podría venir a continuación.

Y aun cuando sabía que todo estaba mal, le entregué la pistola y el permiso para ejecutarme. O por lo menos a mi autoestima. Morí un poco esa noche, pero lo hice sabiendo que yo no era de ninguna manera una víctima; era una colaboradora totalmente entregada.

Al día siguiente me sentí miserable. Sabía que quería dejarlo. Cada vez que morimos un poco estamos cada vez más cerca de que nos tomen por muerto. Quería dejarlo no solo porque me hacía daño, sino porque quería encontrar algo de verdad. Quería amor, un compañero, un amigo, alguien a quien querer y que me amara también. Y no quería solo las sobras.

Cuando estamos medio muertos necesitamos encontrar una nueva vida para poder sobrevivir.

Así que, al final, lo entendí. Sabía qué tenía qué hacer.

Un día volvió a llamarme.

—Hola, Tim. ¿Qué puedo hacer por ti? —le dije. Estaba temblando.

—¿Qué pu-puedo hacer por ti? —repitió, burlándose de mí.

No mordí el anzuelo y respiré profundamente.

—¿Qué parte de «No quiero volver a hablar nunca contigo no has entendido»? —espeté.

Nunca le había dicho semejantes palabras, pero lo entendió muy bien. Nos habíamos visto cuatro veces en dos años. No era tonto. En cierta ocasión, incluso me había dicho que había estudiado en una de las mejores universidades del país.

—Lo que sucedió fue que… —trató de justificarse.

Esa fue mi oportunidad de transformar mi No en mi ley. Es aquí donde el No cuenta en el sexo, donde recuperamos nuestra autoestima y, con ella, nuestra energía, nuestro deseo de crear. Este es el momento de apropiarnos de nuestro talento y de ser lo que somos: criaturas magníficas.

—Voy a colgar —le advertí. Y así lo hice.

Me sentí fatal. Tenía un nudo en el estómago. Cuando recuperamos nuestra autoestima podemos sentirnos de esa manera. Puede ser una nueva sensación, pero de verdad es efectiva.

Es bueno y viene de Dios.

En aquella época todavía me preguntaba: ¿habré hecho lo correcto? ¿Mi vida va a ser tan interesante como cuando salía con él? ¿Y si esta vez sí pensaba realmente quedarse conmigo?

Pero sé bien tres cosas:

1. Si no pensaba hacerlo la primera vez, no iba a hacerlo nunca. Y punto.

2. Para poder atraer al tipo más enrollado, tenía que convertirme en la mujer más enrollada (y no solo en el amor, sino en todos los aspectos de mi vida).

3. Para llegar a ser la mujer más enrollada me tuve que convencer de que valía la pena, que tenía que descubrir mi propio talento creativo y usarlo.

Nunca descubriremos nuestro talento creativo diciéndole que Sí a todas las personas que tratan de vaciarnos de nuestra energía con relaciones que no van hacia ningún lado, o con gente que nos intenta controlar, rebajar, engañar o mentir.

Aquí todo es bastante blanco y negro; o nos apoyan quienes están cerca de nosotros o nos arrastran hasta el retrete y, desde ahí, hasta las alcantarillas.

Hace poco, años después del incidente con Tim, estaba editando un vídeo mío haciendo una postura de yoga. Este es uno de mis muchos proyectos creativos. Entonces, a través de mis auriculares, oí la música de *Liebestraum*.

Ver un vídeo que mostraba mi talento bajo la misma música que una vez me robó la energía me hizo pensar que existía una especie de compromiso universal. Lo interpreté como un No que había llevado a un «¡Bien hecho!». Dios estaba asintiendo y susurrándome: «Brilla ahora con tu propia luz. ¡Adelante, chica!». Este es el No que nos lleva a renacer como el fénix de las cenizas de la adicción y de la ilusión.

Es el No de concentrar nuestra energía sexual para poder

crear vida en cualquiera de sus vertientes: relaciones, bebés, arte. Lo que nuestro corazón desee.

Significa decir No a los melodramas baratos.

Gracias a Dios estoy escribiendo esto en lugar de estar esperando a que alguien me llame.

(JAMES: ¡Amén!)

EJERCICIO
¿ADÓNDE SE HA IDO NUESTRA CREATIVIDAD?

Quizá algún lector sienta que su lado creativo parece haber desaparecido. Pensemos en lo que nos gustaba hacer cuando éramos niños y que ya no hacemos. Puede ser leer, dibujar, escribir o cantar. Escojamos cualquier cosa que nos haga sentir como si el tiempo dejara de existir y que nosotros estamos fluyendo en la vida.

Primero escribiremos estas cosas en un pedazo de papel. Por ejemplo: a mí me gusta dibujar, interpretar mis sueños, tener tiempo para la reflexión, leer libros que tengan un mensaje profundo y hojear viejos cómics.

Dejaremos estas notas cerca del ordenador.

Permitiremos que estén ahí como parte de nuestra vida.

Dejaremos que vuelvan a nuestra vida al ser conscientes de ellas.

Decir No por amor

CLAUDIA: «¡Dame la muerte que debo tener!», solía rezar. Y, creedme, la recibí. Yo rezaba así mientras miraba el techo descascarillado en la casa del sur de la India que había alquilado con otras cuatro personas. Rezaba a las energías transformadoras y a cualquier Dios que pudiera estar escuchando.

Mi oración era simple. Quería no volver a sentir el dolor que iba a infligirme a mí misma. Otra vez.

Conocí a Bill en Mysore, durante un viaje intensivo de yoga. En nuestra primera cita, que yo le pedí a él, me fascinó con su conversación y, mientras hablaba, comencé a planear nuestra boda. (Tal vez se note aquí un patrón; fue apenas unos años después de Tim).

En nuestra segunda cita lo llevé al centro. Me vestí de rojo. Él había aceptado pasar todo el día conmigo. Todo parecía ir bien.

Durante el almuerzo aproveché la oportunidad para preguntarle qué pensaba sobre el amor. Se removió incómodo y me ofreció una explicación del tipo de las Sagradas Escrituras del Yoga:

—El amor es universal.

—No —repliqué—, quiero saber qué piensas tú de la relación hombre-mujer. ¿Y sobre las relaciones amorosas? ¿Y sobre el amor?

No se me ocurrió pensar que acababa de conocer a Bill y que esa era una pregunta muy personal. Deseaba que me dijera lo que yo quería escuchar, y que lo hiciera ya. Pero él esquivó la pregunta. Bien por él.

Finalmente llegó el momento de nuestra tercera y última cita. Esa misma noche yo volaría de vuelta a casa, y él regresaría a Canadá unas semanas después.

No sé en qué estaba pensando cuando me maquillé para salir con él. La ilusión tiene la facultad de hacer borrosas las cosas y de crear historias casi coherentes para ocultar las realidades más duras. Pensé que esa noche iba a recibir el beso que despertaría a la Bella Durmiente. Lo que obtuve fue la muerte que había estado pidiendo.

Él no sabía que era el día de San Valentín hasta que llegamos al Domino's Pizza y vimos los globos en forma de corazón flotando por todas partes.

Al final de la cita, cuando comprendí que no tenía intención de besarme, en lugar de ilusión empecé a sentir desesperación. Bill iba a romperme en un millón de pedazos. Había algo malo en mí. Otra vez.

¡Otra vez!

Esa noche mientras estaba haciendo la maleta, comencé a llorar.

Cuando regresé a New Jersey me sentí mal por no recibir noticias suyas. Mis fantasías de irme a vivir a Canadá se esfumaron, y comencé a sentirme enojada, tensa y alterada, como si yo fuera un completo fracaso. ¿Por qué me encontraba en el mismo agujero negro del que creí haber escapado la última vez, con Tim?

¿Qué había de malo en mí?

Ya que había usado toda mi energía intentando estar con hombres que no estaban disponibles, me había quedado sin ella y sin creatividad. Una noche estaba leyendo el libro de Julia Cameron, *El camino del artista,* buscando inspiración. En él, ella escribe que el capítulo dedicado a la abstinencia de *Sex and Love Addicts Anonymous* debería ser lectura obligatoria para todos.

Esa fue la primera vez que las palabras «amor» y «adictos» aparecían en la misma frase. Levanté los ojos de la página. ¿Podría ser eso?

¿Podría ser que toda esa búsqueda de hombres que no me correspondían en el amor y que el imparable deseo de controlar el resultado de las relaciones tuviera algo que ver con la adicción? Tenía que averiguarlo. Busqué un grupo de apoyo cerca de mi casa. Tal vez la muerte tenía algo que ver con ponerme en ridículo frente a extraños.

Una noche, de la manera más tonta, sintiéndome avergonzada y con lágrimas en los ojos, admití mis vulnerabilidades a un grupo de gente que se sentaba en un círculo. Les hablé de mi increíble habilidad para encontrar e intentar retener a hombres que no están disponibles, y hacer que huyeran.

Este pequeño acto de vulnerabilidad, que fue como una verdadera muerte para mí, resultó ser el salvavidas que necesitaba. Saber que no estaba sola me hizo sentir a salvo. Me enseñó que la muerte tiene menos que ver con funerales y mucho más con atreverse a hacer la cosa más valiente: pedir ayuda, aun cuando eso suponga exponer nuestro corazón.

Una rápida ojeada hacia delante: mi amigo Gary nunca ha estado en una reunión de adictos al amor; nunca ha buscado ayuda. Una tarde del verano pasado me dijo que la noche anterior había tenido una cita con una mujer, Lisa. Al principio del encuentro le dijo algo desagradable para tener ventaja. Ella, por supuesto, también usó sus estrategias para recuperar el control.

Cuando las cosas salieron diferentes de lo que Gary había planeado, dijo que tenía que irse porque era un hombre muy ocupado. A los diez minutos estaban enrollándose en el vestíbulo del hotel de ella, me contó. Él se sentía orgulloso. ¿Había ganado?

Nadie había vencido esa noche, porque nadie había estado en la cita. Me daba cuenta de que dos cuerpos se habían encontrado en Orlando, pero no sus almas. Gary y Lisa no habían estado ahí; más bien había habido dos sistemas de reglas jugando uno contra el otro, dos libros con instrucciones y con piropos, estrategias de control y una guía paso a paso para escapar a toda velocidad cuando las cosas no salían como se esperaba.

Los verdaderos Gary y Lisa se quedaron en sus habitaciones de hotel, solitarios, esperando encontrar el amor, sintiéndose tristes e indignos, preguntándose por qué les estaba pasando lo mismo otra vez.

Entiendo lo que le ocurrió a Gary. Después de todo soy bastante parecida al campeón del mundo en control de relaciones. Hice eso hasta los cuarenta años.

La muerte que pedí esa noche, y que conseguí, me ayudó a darme cuenta de que en ese tiempo, como Gary, yo había ido a muchas citas sin estar realmente presente. Nunca había conocido a un hombre sin haber tenido ya expectativas hechas y un plan. De hecho, nunca había estado ahí. En lugar de eso, había dictado una serie de instrucciones, reglas y planes a largo plazo que habían acudido a la cita en mi lugar. Era un robot programado por un mal programador, yo misma. Había estado siguiendo reglas y regulaciones de las que había escuchado hablar a otros. Compré la mentira de que si seguía ciertos pasos, cualquier cosa que no fuera mi propia verdad, eso me garantizaría la felicidad. Y nunca funcionó.

Seguí la sugerencia de Julia Cameron, leí el capítulo que mencionaba y acudí a una reunión. Soy Claudia, dije, y creo que soy una adicta al amor.

La muerte que pedí y que necesitaba era para reconocer que soy adicta, para alcanzar la conciencia de que me saboteo a mí misma al jugar a algo en el que otra persona dicta las reglas, aunque algunos piensen que podría funcionar. Se trata de procesos que los llamados expertos trabajan mucho en perfeccionar para tener la cita perfecta, con el único detalle de que nosotros no vamos a estar en ella, ni siquiera cerca de ella. Aunque los procesos sí.

Necesitaba esa muerte para darme cuenta de que no controlo nada, especialmente en lo que se refiere a las relaciones. No puedo controlar a un hombre, como tampoco puedo dominar lo que hará o lo que dirá mi hermano, o lo que mi esposo va a publicar en Facebook (James: bueno, a veces ella sí controla eso). O lo que hará mi jefe. O lo que hará el banco. Y así con todo, incluidos los mitos contra los que luchamos sin éxito.

La muerte que necesitaba era para decir No a mi incesante obsesión de orquestar cada relación que tenía.

Cuando por fin me di cuenta de que esa manera de pensar me había llevado a cumplir cuarenta soltera y sola, pasó algo totalmente distinto a lo que había imaginado. De repente, y para mi sorpresa, tenía ayuda. Había otros en el agujero conmigo, todos tratando de entender lo que estaba sucediendo, escuchándonos los unos a los otros, ayudándome a comprender que los hombres, como las mujeres, también tienen sentimientos.

La muerte no era tan mala. Al parecer, cuando llega lo hace con un regalo en las manos. Meses después de empezar a asistir a estas reuniones, muchos de los asistentes comenzamos a ir a bailar juntos. Nadie salía con nadie porque queríamos permanecer «sobrios», y porque sabíamos que si iniciábamos una relación con alguien del grupo tendríamos que hablarlo públicamente, enfrente de todos. Sabíamos que ser vulnerables y poder hablar de nuestras debilidades era la única manera de aceptarlas, revisarlas, corregirlas y curarnos.

Ahora yo era parte de una manada en la que, para bien y para mal, estábamos juntos en el mismo lío. Tenía un grupo de apoyo formado por otros humanos que, como yo, habían vivido mucho tiempo bajo la ilusión de tener el control. Tal vez por puro cansancio ahora estábamos listos para ser honestos.

Los caminos que nos habían llevado hasta aquí eran muy diferentes. Algunos eran anoréxicos enamorados, es decir, gente que no estaba dispuesta a aceptar el amor y prefería vivir en fantasías. Algunos pasaban todas las noches y los fines de semana viendo pornografía; otros preferían a gente inaccesible y los acosaban, o planeaban bodas en la primera cita: sí, esa era yo.

Pero todos teníamos algo en común: estábamos cansados

de todo eso. Deseábamos cambiar y queríamos verdaderas parejas que estuvieran dispuestas a correspondernos.

Cuando fuimos capaces de admitirlo, nos encontramos los unos a los otros. Cuando logramos reconocerlo fue como si Dios abriera las puertas y dijera: «¡Ah, por fin! Por favor, entra. Te he estado esperando y ahora ya puedo ayudarte. Me alegro de verte».

Todos pensábamos que podíamos manipular la energía más poderosa que tenemos como seres humanos: la sexual, que da lugar al nacimiento, a la evolución y a la muerte.

¿Tan equivocada estaba al pensar que podía controlar o manipular esa energía? ¿Tan loca estaba como para pensar que esta fuerza podía ser dominada por reglas y estrategias humanas, o para creer, siquiera por un segundo, que yo la poseía?

Cuando encontré este grupo estaba atrapada en un círculo vicioso de arrogancia y de negación, pensando que podía acceder a esta fuente de vida yo sola, sin ayuda, sin oración y sin respeto por ella, usando solo mi limitada mente y entendimiento para mi propio placer. Ese era mi mejor pensamiento.

No es que estuviéramos perdiendo el juicio, sino que estábamos excesivamente en él, demasiado dentro de nuestra mente. Estábamos atrapados por ella, capturados en conversaciones infinitas de «ella dijo, él dijo» y «si hago esto, entonces él probablemente hará lo otro» y «si la rechazo, entonces ella querrá acostarse conmigo y querrá estar conmigo cada vez más». Pensamos que esto podría evitar que sintiéramos la vulnerabilidad del amor verdadero. Protegernos de ser lo que de verdad éramos.

Me asustaba dar el paso de admitir que no tenía control

sobre esta adicción, porque significaba correr el riesgo de ser una perdedora, de acuerdo con todas las convenciones que entonces yo creía que eran verdaderas.

Al final, el valor de aceptar los riesgos mereció la pena cuando toqué fondo y admití ante mí y ante los demás que necesitaba ayuda; sentí como si finalmente estuviera abriendo los ojos. Y así pude ver la luz al final del túnel.

A través de los grupos de apoyo pude darme cuenta de lo que me estaba reteniendo para seguir adelante: una tristeza muy arraigada que necesitaba ser perdonada o liberada. Cosas en las que me había equivocado y que necesitaba aceptar.

Y así empecé a sanar. El discernimiento comenzó a crecer en mí y también la sobriedad. Paso a paso, día a día.

EJERCICIO
SOMOS LA MEDIA DE LAS CINCO PERSONAS
CON LAS QUE PASAMOS NUESTRO TIEMPO

Con frecuencia somos la media de las cinco personas con las que pasamos la mayor parte de nuestro tiempo.

- ¿Quiénes son las cinco personas que nos inspiran con las que pasamos tiempo en nuestra vida? Hagamos una lista.
- ¿Podemos confiar en esas personas? ¿Las escuchamos?

- ¿Son gente con las que podemos ser nosotros mismos?
- ¿Son gente que respeta nuestra necesidad de espacio y de límites?
- Organicemos momentos con estas personas, para hablar y escucharnos.
- Y la parte difícil: escuchémoslos a ellos.

Reflexionando al respecto, es posible que queramos ir un paso más allá. También somos la media de las cinco cosas que siempre están a nuestro alrededor, las ideas de los cinco libros en los que ponemos atención, los sentimientos de cinco películas o programas de televisión que vemos, etc. Nuestro entorno más inmediato tiene un impacto más profundo en nosotros de lo que imaginamos.

Un gran secreto para hacer realidad nuestros deseos

CLAUDIA: Después de un tiempo reuniéndome con un grupo de apoyo, regresé a la sobriedad. Ya no buscaba a hombres inaccesibles. De hecho, me hacía a un lado muy educadamente cada vez que me encontraba con alguno.

Primero tuve que empezar a decir No, luego la ayuda y el apoyo me proporcionaron una mayor conciencia personal; todo esto me llevó al discernimiento y al redescubrimiento de quién soy y de lo que soy capaz de hacer.

En marzo de 2009, mientras estaba sentada en un círculo de un grupo de apoyo, llegó mi momento de compartir mis ideas durante tres minutos y les dije que, desde que sabía que podía acceder a Dios a través de los oídos de todos ellos, tenía un mensaje importante. Les pedí que me escucharan atentamente.

Entonces me dirigí a Dios y a los presentes, les dije que estaba lista para tener una relación verdadera, una en la que hubiera amor, honradez y respeto; una en la que hombre y mujer estuvieran unidos por un poder mayor, y que pudiéramos ponernos al servicio de este último.

Les aseguré que estaba lista para una relación en la que ambos pudiéramos amarnos y protegernos, pero también proteger y ayudar al mundo en la manera en la que fuéramos guiados a hacerlo.

Le dije al grupo que con esas palabras también estaba desprendiéndome de mi apego por los resultados, que estaba abierta a lo que el universo me quisiera enviar; solo deseaba decirlo en voz alta, a todos ellos, para que pudieran ser testigos de que estaba enviando un mensaje claro.

Un mes más tarde, le pregunté a mi amiga Michelle si conocía un lugar en el que encontrar chicos solteros. Me sugirió visitar algunas páginas de citas por internet. Me apunté a dos sitios web. Cuatro días después, James me envió un correo electrónico.

Después de salir juntos durante un mes los dos teníamos bastante claro que estábamos predestinados a vivir juntos, pero día a día.

Todo lo que pedí para esta nueva relación se hizo realidad,

y me siento muy agradecida por ello. Siempre recordaba que lo que me había llevado hasta allí no era una serie de reglas, un libro o una lista; era el deseo de ser fiel a mí misma, de tener la voluntad de abrirme a una tercera fuerza: un poder superior que entrara en nuestro amor y al que pudiéramos ofrecérselo.

Al mes de salir juntos le dije a James que quería celebrar una ceremonia para expresar gratitud por el amor que sentíamos el uno por el otro y por las cosas milagrosas que parecían confirmarnos que estábamos en el camino correcto.

Hicimos nuestro propio círculo, como el que tenía con el grupo en el que me apoyaba para superar mis adicciones.

James se puso una chaqueta y unos pantalones recién salidos de la tintorería. Estaba muy elegante y se lo tomaba todo muy en serio. Eso me gustó. Yo me puse un vestido largo negro y las mejores joyas que tenía.

Hicimos un gran círculo con velas en la sala, entramos en él y nos sentamos en el centro.

Hablamos por turnos. Empecé yo. Expresé mi agradecimiento por estar juntos y pedí que ambos nos ayudáramos a estar más cerca de nuestro espíritu y que, como pareja, pudiéramos ser utilizados para el bien de todos. James repitió el mensaje, con menos palabras. Luego nos besamos y cenamos. Cocinó él.

Cinco años después, seguimos felizmente casados.

¿Cuál es mi gran secreto?

Cuando hay unos buenos cimientos, pedimos ayuda y nos rodeamos de gente que respeta nuestras opiniones y nuestra necesidad de compartir quienes somos, descubrimos un gran y poderoso secreto: llegamos a Dios más fácilmente a través de los oídos de otras personas.

Es posible que algunas personas deseen leer eso de nuevo. Pero, por favor, que no solo me crean, sino que lo intenten y verán.

En la vulnerabilidad de pedir lo que necesitamos frente a otros, con un corazón abierto y mucha humildad, traemos la presencia de nuestra energía superior, y la de los demás, a nuestra realidad.

Nosotros creamos un espacio entre dos (o más) personas para dejar que un poder superior entre. En su presencia, nuestras oraciones se escuchan más, son más fuertes y efectivas.

Con el esfuerzo adecuado, con el correcto No interior (en este caso, el No a la adicción) puede aparecer el Sí que siempre hemos estado buscando.

EJERCICIO
PONER A PRUEBA EL GRAN SECRETO

CLAUDIA: Si queremos atraer algo a nuestra vida, no debemos limitarnos a aceptar mi palabra; hay que intentarlo.

Seguramente, a estas alturas, los lectores ya hayan empezado a pensar en esa gente que les apoya y escucha. Tal vez incluso tengan un grupo de apoyo. Si no es así, podemos crear uno, o alimentar una buena amistad, porque eso es la raíz de todo. Aunque averiguar lo que necesitamos o lo que queremos viene del silencio, la manifestación nunca funciona en soledad. Necesitamos a otras personas.

En cuanto tengamos a un amigo o un grupo de gente con quienes nos sintamos seguros, debemos intentarlo. Diremos a la gente que tenemos enfrente lo que nos gustaría pedirle a Dios y, aunque eso pueda parecer extraño, ellos serán testigos de nuestro deseo de manifestar algo en nuestra vida. Les contaremos que los hemos escogido a ellos porque podemos confiar en ellos.

Y luego diremos en voz bien alta: «Estoy listo para esto (aquello que necesitamos). Quiero manifestarlo en mi vida, y mi amigo es mi testigo de que estoy invitando a esta energía a mi vida. Gracias».

Daremos las gracias a nuestro amigo o amigos, o a nuestro grupo de apoyo, por participar en este ritual. Los dejaremos marchar, pero nosotros nos quedaremos. Seremos testigos de las circunstancias de nuestra vida tal y como se desarrollen en las siguientes semanas. Nos abriremos a la vida y veremos lo que ocurre.

Nos rendiremos ante nuestras propias palabras. Ya están fuera de nosotros, trayéndonos oportunidades. Diremos que sí a estas porque ahora estamos listos.

Decir No al primer signo de peligro

CLAUDIA: Conocí a muchos hombres cuando me inscribí en la página de citas por internet. Los veía durante una hora para tomar una taza de té. No había ataduras y, por supuesto, siempre nos reuníamos en lugares públicos. Yo pensaba que una hora era tiempo suficiente para saber si había química o no, con lo cual no habría un gran compromiso de tiempo o dinero para ninguna de las dos partes. Parecía un acuerdo justo y funcionaba bien.

Más importante aún, yo sabía que me podía creer lo que me decían esos hombres sobre sí mismos en ese primer y breve encuentro.

De hecho, una vez ni siquiera necesité una hora.

Fue el caso de Jake. Quedamos en vernos un sábado a las cinco de la tarde en una cafetería en Hoboken. Mientras me preparaba para acudir a la cita, recibí un correo electrónico de él, diciendo: «Lo siento, he cambiado de opinión sobre que nos veamos. Cuídate, te deseo lo mejor, JK».

Estaba confundida, así que lo llamé inmediatamente. Me dijo que las letras al final del correo (JK) querían decir *just kidding*, «estoy de broma», en inglés. Pero como su nombre es Jake, asumí que eran sus iniciales.

Según entendí, quince minutos antes de nuestra primera cita él solo estaba de broma, pero el objeto de esta era yo. No nos estábamos riendo juntos, y eso no me hizo sentir bien. Mis entrañas ya habían hablado. Y cuando uno siente algo ahí, lo mejor es prestar atención. Esto era un No. Estar sobria y sin deseo de control me permitió decirle a Jake, muy tranquila, que aquello no iba a funcionar.

Todo indicaba que terminar antes incluso de empezar sería beneficioso tanto para él como para mí. A los dos nos venía bien volver rápidamente a nuestro camino, aunque no fuera el mismo.

Me respondió que ya estaba de camino hacia el lugar de la cita y que si daba media vuelta tendría que hacer muchos kilómetros para volver a su casa. Por una fracción de segundo sentí un pinchazo de culpa, pero luego recordé que en su perfil decía que no vivía muy lejos de la cafetería.

Estaba jugando con mi sentimiento de culpa, y mis entrañas me volvieron a poner en mi sitio. Pero estaba en una actitud totalmente positiva, así que no tenía intención de cambiarlo ni de hacerle entender nada a él. Le dije que comprendía que ya estuviera en el coche, pero que era mi decisión. Y, de todas maneras, debo decir que hubiera cancelado la cita incluso si él hubiera tenido que conducir muchos kilómetros. La distancia no significa nada una vez que uno comprende, en su interior, que algo es un No.

Él no podía creerlo e insistió, como si la estrategia para derribarme que había usado no funcionara tal como había previsto. Parecía confundido. Le dije que mi intuición decía que No.

—¿Tu intuición se ha equivocado alguna vez? —me preguntó.

—No puedo creer que me estés dando la oportunidad de responder a esa pregunta —contesté.

Hubo un silencio, pero no colgó. De verdad quería saberlo y seguía a la escucha. ¡Uau!

Y entonces respondí:

—Lo que ocurre es que cuando no he seguido mi intuición, Jake, las cosas han ido muy mal. Cuando fuerzo las cosas para que vayan por donde yo quiero, ignorando la contracción de mi estómago, todo se cae por la borda. Cuando sigo esa manera errónea de pensar, es decir, cuando permito que algo ocurra pensando que solo es por una vez, aunque en realidad me moleste, termino mal y llorando. Ya he hecho eso muchas veces; no voy a volver a hacerlo. Gracias, pero no. Adiós.

Cuando alguien nos dice quién es, tal y como lo hizo Jake, podemos creerlo. No debemos culparlo o criticarlo, porque también él está aprendiendo. Así que llegará a entenderlo.

Oh, y dejemos algo bien claro. También las mujeres dirán quiénes son de la misma manera. Los detalles lo revelan todo: acciones, palabras, ser o no puntual y jugar o no con el otro.

La gente irrespetuosa o manipuladora es posible que continúe con el mismo patrón Seguro.

EJERCICIO
DECIRLO EN VOZ ALTA

JAMES: Cuando he sentido que han abusado de mí o que no me han respetado, he entrado en un círculo de pensamiento que es difícil de parar. Si hubiera dicho esto, si hubiera llegado más tarde, si...

> Algunos pensamientos quedan fijados en nuestra mente, como un papel pegado a un poste telefónico para anunciar un mal concierto de rock.
>
> Cuando volvamos a pensar en esa persona (o en lo que pasó), nos diremos a nosotros mismos: No.
>
> Y si volvemos a pensar otra vez en esa persona, lo repetiremos todavía más fuerte: No.
>
> Y luego más fuerte aún.
>
> Y después lo pronunciaremos incluso en voz baja.
>
> Y luego más fuerte.
>
> Y más fuerte.
>
> Al final dejaremos de pensar en esa persona.
>
> Por ahora.

Decir No a los celos

JAMES: A veces estoy algo celoso de gente que ha heredado mil millones de dólares. Y luego me avergüenzo de sentirme así. «Soy mejor que eso», me digo erróneamente.

A veces me siento celoso de la gente más guapa que yo. «La gente guapa puede tener el mundo entero —pienso.— ¿Por qué no puedo tener el mundo entero?»

A veces estoy celoso de mucha gente que hace cosas que me hubiera encantado haber realizado, pero no hice, y ahora me arrepiento. «¿Por qué esa gente? ¿Por qué yo?»

Intento ser perfecto y borrar las imperfecciones antes de que alguien las vea y me las guardo en el bolsillo. Las escondo.

Pienso que no debo nunca estar celoso, pero entonces todo lo que he guardado se me sale de los bolsillos y soy un desastre. No puedo negarlo.

Los celos, la cólera y la envidia son planos de las carreteras de mi interior. Nunca se trata de las demás personas. Ni siquiera las conozco. Ellas tienen sus propios problemas. O no. ¡Pero eso me da lo mismo!

Los celos son un plano de carreteras hacia un lugar en el que no me siento amado. Tal vez pienso que no merezco el amor si no tengo miles de millones. O si no parezco una estrella del cine. O si no he publicado veinte best sellers.

No puedo engañarme a mí mismo. No puedo decir: «No debo envidiarlo». Porque mi cuerpo dirá: «¡Es duro, pero sí que siento envidia de eso!». Mi cuerpo sabrá cuándo estoy mintiendo.

Un terapeuta me dijo una vez: «Las raíces de este comportamiento pueden venir de mucho tiempo atrás. Puede que tengan su origen en tu más tierna infancia».

Eso me suena como algo que requiere mucho trabajo. Y mucha terapia. Tal vez no me amamantaron lo suficiente y debería averiguarlo, pero dentro de un par de años, en terapias semanales, con una tarifa de varios cientos de dólares por sesión. ¿Quién sabe? Las raíces de la envidia pueden hallarse en cualquier cosa. Pero hoy tengo que ir al trabajo y lo que elijo es no sentirme avergonzado por ello. Quiero decir: «De acuerdo, este es mi desafío para el día de hoy», y aceptarlo.

Tengo un problema con mi relación con el dinero. Gracias, celos, por habérmelo mostrado. Es totalmente cierto.

Tengo un problema con mi apariencia. Desde que una chica se marchó corriendo en el campamento de arte en cuanto le dije que me gustaba y ella me respondió: «¡Ni en un millón de años!». Gracias, celos. Parece que estoy lo bastante bien como para haber encontrado una buena mujer. O tal vez fue gracias a mi sentido del humor.

Los celos son inevitables. Así que los tomaremos como lo que son: un plano para salir de la prisión. Así es como podemos hacerles frente:

a) Los celos son una guía para saber lo que está pasando en nuestro interior.

b) Nunca tienen que ver con otra persona.

c) Nunca cotillearemos de la gente que nos hace sentir celos. A ellos no les importa lo que pensamos. Y lo que ellos opinan de nosotros no nos concierne lo más mínimo.

d) Todo el mundo siente celos. Somos humanos. Unámonos al club.

e) Cada contra tiene un pro. Pregunta: ¿qué tiene de bueno la envidia? Si no tengo lo suficiente, quizá deba redefinir esta palabra.

Existe una anécdota sobre Joseph Heller, autor de *Trampa 22*. Se encontró en una fiesta con una serie de directores de fondos de riesgo de Wall Street. Un hombre se dirigió a él y le señaló a un joven de unos veintitantos años.

—¿Ves al chico que está allá? —le dijo el hombre—. Ganó más dinero el año pasado del que tú lograrás en toda tu vida escribiendo tus libros.

Heller se dio la vuelta para mirar a su interlocutor antes de contestar.

—Tengo algo que él nunca conseguirá —le dijo.

—¿Qué es? —quiso saber el otro, riéndose.

—Tengo lo suficiente —zanjó Heller.

No podemos deshacernos de la envidia. Esta es otra emoción que no puede apagarse y encenderse pulsando un interruptor. Como mucho tendremos un regulador para la intensidad de la luz. Podemos rebajar los celos al ejercitar el músculo de la abundancia.

EJERCICIO
¡ES SUFICIENTE!

JAMES: Adelante, respiremos profundamente. Encontremos las áreas de nuestra vida en las que tenemos suficiente (o incluso más). Hagamos una lista de ellas. Es ahí donde gozamos de abundancia.

Encontremos las áreas en las que necesitamos definir «suficiente». Hagamos una lista de ellas. Podríamos disfrutar de más abundancia, pero todavía no hemos defini-

> do con claridad lo que esta significa para nosotros. Tal vez
> no necesitemos cien amigos, mil millones de dólares o un
> guion producido en Hollywood.
>
> En muchas ocasiones, cuanto menos necesitemos, más
> abundancia tenemos.

Decirle No al autosabotaje

CLAUDIA: Kamal es un empresario de mucho éxito. Hace poco tiempo, cuando las cosas le iban muy bien en sus negocios, conoció a una mujer que pensó que era la que adecuada para él.

La cortejó. Al principio, ella parecía responder bien a sus avances, pero luego se alejó y dejó de devolverle las llamadas. Pasado un tiempo comenzó a salir con otros hombres.

Kamal y yo nos conocimos una tarde junto al mar. Él acababa de recibir un mensaje de texto de ella en el que le decía que no quería volver a verlo. No era el primero de ese tipo que recibía. Tenía lágrimas en los ojos.

—Piensa en tu vida como en una estación de tren —le dije—. Estás en el andén y ves que se acerca uno. Realmente quieres que ese sea tu tren. Te gusta su brillo y el aspecto que tiene, tan fantástico y tan fuerte; estás convencido de que es el que te llevará a casa. Así que empiezas a hacerle señas e incluso comienzas a saltar cerca de las vías.

»Pero no está previsto que este tren pare aquí. La conductora está confundida. Ella comienza a reducir la velocidad y se pregunta qué estás haciendo. Está nerviosa.

»Cuando te das cuenta de que el tren no va a parar, bajas a las vías, ante el horror de la gente que está a tu alrededor, y sigues haciendo señales mientras saltas.

»A esas alturas, la horrorizada conductora está llamando a la policía y apretando todo tipo de botones rojos. Empiezan a llegar a la escena los vehículos de emergencia. Todo está empezando a detenerse.

»Entretanto, tu tren, el que está destinado para ti por designio divino, viene detrás del otro. Solo que no puedes verlo porque estás demasiado ocupado montando dramas innecesarios.

»Tu tren está esperando en algún lugar, sintiéndose solo, incapaz de entrar en tu estación. La conductora de ese tren que está destinado para ti se pregunta qué está provocando los retrasos. Ella quiere llegar a casa, y todo el tiempo has sido tú quien ha causado el atasco, porque no puedes dejar de dar de saltos.

Al decir No al autosabotaje, podemos salir de las vías férreas y aceptar el flujo de nuestra vida. Dejemos que el tren continúe, deseémosle buen viaje y confiemos en que el nuestro va a llegar pronto. Eso es todo lo que se necesita.

88 | EL PODER DEL NO

Miedo al No

JAMES: Con frecuencia tenemos miedo a que nos digan No. Si le pedimos a alguien una cita, hay una posibilidad de que digan que No. Cuando tenemos una entrevista de trabajo, pueden rechazarnos. Cuando pintamos nuestra obra maestra, puede ser que el mundo la odie.

Todo el mundo sabe que esto puede ocurrir. Hay áreas enteras de la psicología que enseñan en escuelas, libros y seminarios (de ventas, de negociación, para tener una cita, etc.) cómo aprovechar el miedo de la gente a decir la palabra No.

Nuestras mentes y cuerpos han aprendido a complacer a los otros mucho más que a asumir riesgos. Nos han enseñado a conformarnos con ser iguales a los demás.

Pero si todos somos iguales en una fiesta, ¿cómo sabremos que hay una persona única y especial que combina a la perfección con nuestra propia manera de ser únicos?

El No del sexo, el No de la creatividad, el No de la abundancia tienen que ver con averiguar quiénes somos de manera que podamos dejar de conformarnos y de tener miedo.

¿Por qué incluir el sexo en esta lista? Porque es un aspecto en el que nuestro condicionamiento para agradar puede ser especialmente fuerte.

Pero si todo lo que hacemos es complacer al otro en detrimento de expresar lo que nosotros queremos —que procede de quienes somos—, entonces tarde o temprano dejaremos de ser felices. El sexo, como cualquier interacción entre dos personas, es íntimo. Nuestra pareja se dará cuenta de nuestra infelicidad, pero es posible que no pueda hacer nada para cambiarlo. Él o ella no saben leernos la mente.

Al final, esto puede desembocar en dos personas muy infelices.

Y dos personas infelices pueden hacer cosas que piensan que pueden hacerlos felices. Como mentirse para obtener lo que quieren en otro lado o hacer cosas que los conducirán directamente a la infelicidad, y todo porque tienen miedo de escuchar un No.

El sexo es nuestra energía más básica y salvaje. A través de él hemos llegado aquí. Y del mismo modo lo hicieron nuestros padres. Y los suyos. Hasta llegar a... ¿quién sabe? ¡El eslabón perdido!

Pero el sexo es solo una frecuencia. También está la creatividad, la risa y el dinero. También está el valor que le damos a los que nos rodean. Sin olvidar nuestra contribución a la sociedad.

Cuando contribuimos a la sociedad recibimos una recompensa. Puede ser en forma de dinero, pero no solo eso. El valor crea valor. La gente necesita pagar sus facturas. Ser capaz de levantarse y decirle No al conformismo simplemente ayuda a pagar las facturas.

Pero lo primero es vencer el miedo.

La metáfora del sexo se aplica a todas nuestras interacciones. Si tememos que nuestro toque especial pueda ser rechazado demasiado tiempo, se vuelve como la lija. Digamos No al miedo al No.

No es que todo en la vida deba ser divertido. Se trata más bien de que todo en la vida tiene que poder hacerse sin miedo.

EJERCICIO
ATREVERSE A PROBAR NUEVAS IDEAS

Un reto para hoy:

Escribir diez ideas para nuestro trabajo (o para el trabajo de otro) que puedan darle más valor.

Anotar los diez pasos siguientes para esas ideas.

Escribir el nombre de diez personas con las que necesitamos compartir esas ideas.

Contactar con esas personas.

Sin miedo.

Lo peor que puede pasar es que digan No.

3

El No a las historias falsas

«Tenemos derecho a pedir lo que queremos
y a elegir las historias en las que creemos...»

JAMES: Estaba totalmente seguro de que nunca saldría con una mujer cuya lengua materna no fuera el inglés. Me costaría mucho entenderla. Tendría que estar repitiéndome todo el rato y estar siempre diciendo: «¿Qué?». Imaginemos casarnos y estar siempre diciendo «¿Qué?».

Después de mi primera cita con Claudia, estaba hablando con un amigo y le conté que su lengua materna era el español. Él me dijo: «Pues supongo que esa relación ya se acabó».

Ahora estoy casado con Claudia. Me gusta su acento.

Me equivoco con frecuencia.

Cada cinco años deberían tirar a la basura todos los libros de texto de ciencias de las escuelas. Muchas veces están equivocados o tienen que ser actualizados.

En 1980 muchos pensaron que los ordenadores personales no tenían utilidad.

Newton fue reemplazado por Einstein, que fue sustituido por la mecánica cuántica, que fue reemplazada por...

Todos pensaron que la economía desaparecería en 2009.

A veces la medicina occidental tiene razón. A veces la medicina oriental tiene razón.

En los años setenta la gente escribió libros diciendo que en 1980 el mundo se habría quedado sin comida. O que el mundo estaría superpoblado.

La mayor parte de la gente piensa que el matrimonio durará para siempre.

La mayor parte de la gente piensa que sus hijos no hacen nada mal.

La familia piensa que debes asistir a cada boda y a cada reunión familiar.

La mayor parte de la gente está equivocada todo el tiempo y no tiene ningún sentido discutir con ellos. Son felices estando equivocados. Les llena algún vacío.

Mis padres querían que sacara buenas notas, que hiciera un posgrado, que tuviera un buen trabajo, que me casara, que poseyera una casa propia, que me ascendieran en el trabajo, que tuviera hijos y que viviera cerca de ellos. Intentaron dirigir toda mi vida desde mucho antes de que yo naciera. Su vida no fue feliz. Pero tal vez podrían forzar la mía para que lo fuera en alguna medida. Dirigirla. Controlarla.

¿Cuántas veces nuestras elecciones han sido planeadas por gente que es infeliz, está enferma o se encuentra demasiado preocupada por sus deudas, no está contenta en su matrimonio o en su trabajo? ¿Deberíamos dejar que estas personas nos digan qué debemos hacer con nuestra vida? ¿Que nos impongan sus historias? ¿Aciertan con respecto a nosotros cuando están equivocados sobre ellos mismos?

No quiero desperdiciar mi tiempo enfadándome o discutiendo con la gente. O tratando de convencerles de que están equivocados con respecto a sus planes para mí. Nada de eso es divertido. Yo elijo no escucharlos. El mundo es grande. Cuando una puerta se cierra, diez más se abren. Si una persona me odia porque no voy a hacer lo que él o ella creen que es lo correcto, hay otros siete mil millones de personas a quienes puedo escoger para tenerlos cerca.

La gente (incluyéndome a mí en el pasado) sigue instintivamente lo que les han impuesto las instituciones, los padres, los colegas, las escuelas, la cultura, la falsa cólera y los sueños. Pero cada uno de nosotros es único y tenemos nuestro propio camino, sin importar el de los demás. Debemos encontrar nuestra manera de ser únicos.

Yo quiero hacer aquello por lo que me siento en paz. Aunque a veces signifique decir que No a la gente que quiero. O a las historias que me cuentan.

Pero esa es la prueba de que me amo a mí mismo.

EJERCICIO
OPINIONES

La próxima vez que alguien tenga una opinión con la que estemos muy en desacuerdo, intentaremos esto:

- No discutir; no tiene sentido. Nunca vamos a cambiar su manera de pensar.

> - Dejar que expresen su opinión. Trataremos de aprender algo de ella y respetaremos su punto de vista.
> - Todo el mundo quiere ser escuchado.
> - Escuchemos.

El No asertivo

JAMES: Dejemos por ahora de lado el argumento egoísta. Ya hablaremos de eso luego. Lo que sigue son algunas reglas, pero no es obligatorio acatarlas. Todos somos libres.

Regla número uno: No hacer nada que no queramos.

Cuando aceptamos hacer algo que no deseamos nos notaremos resentidos con la persona que nos pidió hacerlo. Detestaremos esa actividad. Va a chorrear como una vela encendida en nuestro corazón, hasta que ardamos de odio hacia nosotros mismos. Algo que pensábamos que era un simple gesto de amabilidad, es decir, un simple Sí, nos va a quemar por dentro.

No solo eso, es posible que otras personas dejen de confiar en nosotros.

No lo hagamos.

Pero ¿qué pasa si tenemos que hacerlo?

Por ejemplo, mucha gente no quiere ir a la escuela.

Bueno, pues que no vayan.

Dejemos que los otros veinte millones de niños vayan a la

escuela y aprendan a ponerse el uniforme de la sociedad. Ellos pueden hacer algo diferente. Tener una aventura, sobresalir, crear algo o inventar una historia.

Una persona puede flotar en el espacio. El resto del planeta mira desde la tierra y se pregunta qué se siente al hacer eso.

«¡Pero yo no puedo hacer eso!», dice alguien. De acuerdo, le creo. Tal vez sea por culpa de su familia. Sabemos mucho acerca de las familias.

Si paramos a cualquier persona en la calle y le preguntamos qué tal se lleva con su familia, al principio dirán que bien, porque van a pensar: «¿Quién es este extraño que me para en la calle y me pregunta sobre mi familia?». Y es casi un crimen no quererla y respetarla.

Pero no conozco a nadie que pueda decir: «Mi familia es perfecta». Los lazos de sangre a menudo se rompen por el camino.

Nuestras familias serán por lo general el mayor reto que tengamos que resolver en la tierra. Aceptémoslo. La familia es algo complicado. Pasamos mucho tiempo con nuestros hermanos, padres, primos y tíos. Es inevitable que aparezcan celos y conflictos. Porque ella tiene algo que él no tiene. O ella quería algo, pero lo consiguió él. O él no me hizo caso cuando yo lo necesitaba o ella trató de evitar que tuviera lo que me hacía falta, etc.

Así que nuestras familias son el primer lugar en el que practicaremos el No. Nuestro No asertivo. Nuestro No a las historias de otras personas.

Los vínculos familiares se vuelven más fuertes si aprendemos a decir No y a crear una nueva relación familiar cercana con la gente que amamos, con la que crecimos. Entonces la gente aprende a confiar en nosotros.

Pero la familia (y, posteriormente, los amigos, los colegas, los jefes o el colegio) tratará de hacer cualquier cosa para apagar nuestro No al principio. Actúan así porque creen que nos están protegiendo a nosotros o a sí mismos. Pero con frecuencia es inconsciente. No vamos a echarles la culpa.

Amenazarán con matarse a menos que...

Amenazarán con matarnos a menos que...

Llorarán, manipularán y tratarán de destruir.

Cuando somos jóvenes y no podemos protegernos, algunas familias resultan ser más violentas que otras. Y cuando acabamos de salir del cascarón, y estamos empezando a vivir y a volar del nido, no es la violencia física, sino la emocional, la que combate nuestro No.

Y si eso no funciona, existe la violencia mental: ¡Hay que hacer esto porque si no X! Y normalmente X no suele ser una razón muy meditada ni muy sólida. Hay que llevar a cabo X porque las cosas se hacen de esa manera y punto.

Y al final, si todo eso no funciona, entonces la violencia espiritual se enfrentará contra nuestro No, con el imperativo de que debemos honrar a la familia.

Aunque en todas las religiones hay evidencias de lo contrario. En el texto más sagrado del hinduismo, el *Bhagavad Gita,* Arjuna se rinde en mitad de la batalla; lo hace para no luchar contra sus primos, su abuelo y todos sus parientes. Entonces, su humilde auriga, que se llama Krishna, se transforma en el dios Vishnu y le explica por qué debe suceder esto. Por qué su misión es luchar en esta batalla.

Vishnu no le está diciendo «mata a tu familia». Nadie haría eso. Lo que le comunica es que para alcanzar su propia divinidad debe aprender a decir No y a hacer lo que es correcto en cada momento. Nosotros también necesitamos aprender quiénes somos. Y para Arjuna, en ese momento, hacerlo significa luchar en la batalla.

En el budismo, el joven Siddharta tiene que dejar a su bella esposa, a su amoroso padre, a su hijo recién nacido y todas sus posesiones para poder alcanzar la inmortalidad, que solo encuentra después de pasar seis años sentado en silencio. Esto no significa que tengamos que dejar a nuestra familia para encontrar la iluminación, en absoluto. Quiere decir que nadie puede darnos la sabiduría: nosotros mismos tenemos que hacerlo. El ser que encuentra la paz dentro de sí no necesita a nadie que le diga lo que tiene que hacer y tampoco a ninguna persona para proyectar sus fantasías en ella.

En el judaísmo, Abraham rechaza la idolatría de su padre para seguir su propio camino. También Isaac se enfrentan a Isaías. Y Jacob a Esaú. Y los hijos de Jacob a José. Y los hijos de David unos con otros, etc.

En el cristianismo tenemos el ejemplo de la boda a la que asiste Jesús. Su madre y hermanos están fuera y quieren verlo. Jesús les hace esperar mientras él se dirige hacia sus apóstoles y les dice: «Vosotros sois ahora mi familia». Nosotros también vamos por la vida creando nuevas familias, aprendiendo de ellas y avanzando.

Pero cada religión comenzó con un No: a la familia y al sistema. Y luego a los amigos y a la cultura.

Con esto no quiero decir que hay que pertenecer a una religión. De hecho, esta con frecuencia se convierte en un sistema pocas generaciones después de que su creador haya desaparecido.

Conforme viajemos a nuestro interior en busca del No, nos encontraremos con nosotros mismos en oposición al sistema. Debemos prepararnos.

Es cierto, solo teníamos una regla en mente cuando dijimos que había algunas.

Así que la regla número dos es: no olvidemos la regla número uno.

EJERCICIO
¿A QUÉ QUIERE LA SOCIEDAD QUE LE DIGAMOS SÍ?

Antes de empezar respiraremos profundamente. Este ejercicio puede parecer sencillo, pero requiere ir a la raíz de nuestras creencias, lo cual puede ser perturbador. Así que elegiremos el tiempo y espacio para hacerlo con cuidado.

Necesitaremos un cuaderno o un bloc, como el que usan los camareros.

Vamos a hacer una lista de las cosas que la sociedad nos dice que tenemos que hacer:

El NO A LAS HISTORIAS FALSAS

- Buscar un trabajo.
- Comprar una casa.
- Tener hijos.
- Casarnos.
- Ir a la universidad.
- Votar.
- Luchar contra los malos en una guerra.
- Respetar al gobierno.

Y muchas cosas más. Debemos encontrar tantas como sea posible.

Ninguna de estas cosas es mala. Algunas de ellas pueden ser muy importantes y buenas para nosotros.

Nos tomaremos algún tiempo para reflexionar sobre ellas. De una en una. Pensemos en cómo nos sentimos respecto a esas cosas. Por ejemplo: ¿es necesaria una educación universitaria para nuestros hijos? ¿Necesitamos comprar una casa para ser felices? Estudiaremos cada situación desde todos los puntos de vista.

Hacer este ejercicio es revolucionario porque nos pondrá cara a cara con lo que nosotros creemos, independientemente de lo que los demás han dicho. Puede abrirnos los ojos a lo largo de las semanas o meses hacia otros puntos de vista que no sabíamos que teníamos. Podemos encontrar artículos o libros que traten sobre nuestras ideas; y cuidado, ¡incluso podemos llegar a admitir que ya no estamos de acuerdo con lo que antes nos convencía!

Hay una ley psicológica que dice que todos tendemos a mantener nuestra forma de pensar sin cambiarla porque queremos parecer coherentes. Pero la coherencia a veces se convierte en una carga que puede llevarnos a lugares sombríos.

Al principio, darse cuenta de las cosas en las que creemos solo son «historias» puede resultar chocante. Es normal encontrarse algo intranquilo o incluso enfadado al darse cuenta de que, por ejemplo, el dinero es solo una historia que ha estado funcionando desde hace unos dos mil años. No había dinero antes de esa fecha.

Cuando empezamos a cuestionar las cosas hasta su propia raíz, podemos sentirnos un poco desorientados. Esto es bueno, porque empieza a aparecer una nueva libertad. Aunque seguimos queriendo a nuestros hijos, votando o comprando casas, al menos habremos revisado la cuestión y sabemos claramente cómo nos sentimos con respecto a ella.

Hacer este ejercicio con un compromiso hacia la verdad, y revelar nuestros propios valores, puede significar que debemos responsabilizarnos de ellos, y tal vez hacer cambios para poder ser coherentes con nosotros mismos.

Esta coherencia con nosotros mismos nos da la oportunidad de encontrar nuestro propio valor en nuestro ser individual. Nos permite darnos cuenta de que podemos tener nuestro propio proceso creativo y de pensamiento y seguir siendo miembros funcionales de la sociedad en la que elegimos vivir.

Cuando vemos aquello en lo que creemos en oposición a lo que nos dijeron que teníamos que creer, nos damos cuenta de que hay mucho más dentro de nosotros que historias inventadas. Cuando elegimos aceptar las ideas que nos conmueven, estamos actuando desde nuestro propio Sí interior y desde la libertad.

Decir No a ser un esclavo

JAMES: Las personas normales tienen empleos. Perfecto, podemos decir que un trabajo es algo distinto a la esclavitud. Podemos parar para tomar un vaso de agua, por ejemplo. E ir al baño de vez en cuando. Cuando hablamos con gente de nuestro mismo sexo, no hay reglas que nos impongan lo que debemos decir. Y, además, recibimos un salario. Fantástico.

Si, como millones de personas, tenemos una hipoteca, esta se lleva el 20 por ciento del salario, a veces más. A la empresa le interesa que tengamos nuestra propia casa porque así no es tan fácil renunciar.

Puede que estemos pagando préstamos estudiantiles. Por primera vez en la historia, más de la mitad de los desempleados tienen un título universitario. Eso es preocupante. Estudiamos esa carrera porque pensamos, en parte, que tendríamos un empleo. Pero eso no garantizaba nada y ahora tenemos que afrontar esas deudas. Un porcentaje del salario se va en pagar esos préstamos.

Otra parte del salario se va en gastos sanitarios, en lo que invertimos en nuestras relaciones (casi siempre cuestan dinero, lo cual no es cinismo, sino una realidad) y en el medio de transporte que utilizamos para ir a trabajar (nos obligan a pagar por la manera de llegar a un trabajo que nos esclaviza).

¿Cuánto queda para nosotros? Madrugamos, viajamos, trabajamos duro y llegamos tarde a casa. Nos sentimos atrapados. Nos deprimimos y tal vez debamos medicarnos para ello. Y tenemos problemas para dormir y para digerir.

¿No deberían pagarnos más?

Y luego está también la manera de comportarse. «Puedo hacer lo que quiera», solía decir yo. De hecho, cuando tenía un trabajo me sentía libre. Podía «escaparme» a las cuatro de la tarde. Podía hacer muchos descansos y disfrutaba de largas vacaciones.

Pero ¿había visto el manual? Hay uno bastante grande. Y a veces hay seminarios para revisarlo.

Por ejemplo, no podemos hablar con personas del sexo opuesto de determinada manera. Nos enseñan las normas adecuadas de hablar con ellas.

No podemos hablar con el jefe de cierta manera, no podemos olvidar que solo somos esclavos, y lo único que él tiene que decir es «Estás despedido», y se acabó.

No podemos vestirnos como queramos. Muchas de las situaciones dentro de la oficina exigen llevar un uniforme, ya sea explícito o implícito.

No podemos ser amigos de quienes queramos. Prácticamente solo podemos confraternizar con la gente con la que pasamos el día, los otros esclavos. Pero ya no volvemos a hablar con ellos cuando salimos del trabajo.

No podemos ser creativos cuando nos llega la inspiración. «Cualquier cosa hecha con el equipo de la empresa es propiedad intelectual de la propia compañía.» Buena suerte a quien intente argumentar contra esta norma.

No podemos tener un romance en la oficina, aunque esas sean las únicas personas del sexo opuesto que conozcamos. Pueden despedirnos por algo así. Y recursos humanos puede leer todos nuestros correos electrónicos.

Tenemos que suplicarles más dinero. Hay muchos seminarios creados solo para enseñar a pedir un aumento del 5 por ciento en el salario. La gente tiene miedo de solicitar más.

Y cuando lleguemos a casa para tener verdaderas relaciones sociales, estamos cansados, amargados y enfadados por el trabajo.

¿Es que no hay alternativas?

Sí. Siempre hay otras formas de hacer las cosas.

Ahora más que nunca, la gente puede ganar dinero siendo creativo y encontrar la forma de ofrecer otro tipo de servicios.

El dinero no va resolver todos los problemas, pero por lo

menos solucionará los económicos. No debemos permitir que nos quiten el dinero para que sigamos siendo esclavos.

Necesitamos nuestro propio tiempo. Nuestro propio trabajo. Necesitamos poseer nuestro propio valor para poder crear para otros, poseer nuestros propios pensamientos y protegernos de que nos despidan. Y que no seamos propiedad del banco, del gobierno o del jefe. O de nuestras relaciones.

«¡Pero no puedo dejar mi trabajo así como así!»

Estamos de acuerdo. No hay que renunciar.

Pero…

Empezaremos por ser exploradores.

Vivimos en una economía que hemos ayudado a crear. Como en otros tiempos, los esclavos y la miseria ayudaron a crear las hermosas pirámides. Pero nos quitan el 90 por ciento de lo que creamos.

Empezaremos por explorar lo que podemos recuperar. Trabajaremos todos los días con nuestras ideas. Haremos una lista de todos nuestros intereses desde que éramos niños.

Ante los problemas, podemos acudir a una librería. Escribiremos sobre cada libro que nos interese. Haremos una lista de cada negocio o trabajo que podamos emprender desde esos intereses. Debemos leer a diario sobre estos últimos. Y si todavía tenemos problemas con eso, nos centraremos en la salud. Hagamos una lista de las cosas que podemos hacer para estar más saludables.

No hay problema si nos aburrimos con lo que estamos leyendo. Busquemos otro interés sobre el cual leer.

No debemos enfadarnos con la gente en el trabajo, ni siquiera con el jefe. Ellos también son esclavos. Necesitamos liberarnos de ellos. No desperdiciaremos nuestros pensamientos de libertad en otros esclavos que llevan grilletes marca Rolex.

Estudiaremos la vida de gente que no es esclava de nadie. ¿Qué han hecho? Estudiaremos a las personas que han podido liberarse. ¿Qué es lo que están haciendo? Trabajaremos con el músculo de las ideas. Haremos eso al anotar diez ideas al día. No importa cuáles sean. Ni si son buenas o malas. Es solo un ejercicio, una terapia física aplicada a la mente para que el músculo de las ideas no se atrofie.

Yo mismo lo he hecho. He entrenado muy duro mi músculo mental cada día. Y en seis meses mi vida ha cambiado por completo. De hecho, como he dicho, cada seis meses mi vida cambia totalmente.

Hace dieciséis años mi jefe de entonces me gritó. Era un buen tipo y, desde entonces, él también se ha liberado, pero una vez me gritó y no pude replicarle sin arriesgarme a que me despidieran. Sentí que quería llorar. De hecho, es lo que hice.

Así que fui a la biblioteca en la calle Cuarenta y uno y la Quinta Avenida. Encontré un libro de ciencia ficción que una vez leí de niño. Tenía una envoltura de celofán y una tarjeta de la biblioteca en su interior. Y desprendía el olor que despiden las páginas amarillentas y envejecidas de un libro.

Bajé tres o cuatro pisos, a mi baño privado en la biblioteca, a mi sanctasanctórum. Me senté ahí y leí sobre un hombre que vivió eternamente y que era feliz. Y por un momento el mundo desapareció y yo ya no era un esclavo.

En ese momento comencé a planear mi fuga. Y desde entonces, cada día imagino nuevas maneras de escapar, nuevas formas de ser libre. Nuevas maneras de apropiarme de mi mente.

EJERCICIO
LA PRÁCTICA DIARIA PARA ECHAR A ANDAR

Esto es lo que nos funcionó para estar sanos. Dar un paso atrás y darnos cuenta de cómo se pueden atravesar los obstáculos de la vida. Luego hay que tomar impulso hacia delante y convertirse en una máquina de generar ideas, capaz de ejecutarlas con salud y seguridad, para finalmente ser capaz de entregarse a un universo cuyas mejores intenciones están alineadas con las nuestras.

Hay que comprobar cada una de estas cosas a diario, en especial si queremos escapar del mundo del trabajo de nueve a cinco:

- Físico: dormir bien, hacer ejercicio siempre que podamos, comer bien y evitar las adicciones.
- Emocional: relacionarnos y comprometernos solo con la gente que queremos, la que nos inspira y a la que inspiramos.
- Mental: leer y escribir siempre las nuevas ideas. Diez al día.

Esto es de una importancia vital. El músculo de las ideas debe estar en forma. Si escribir diez ideas al día parece muy difícil, entonces anotaremos veinte. Hay que practicar hasta que vayamos derramando ideas y estas llenen las calles como los mangos en las ciudades tropicales, para que todos admiren y prueben su dulzura.

Es así como nos transformaremos en un imán de ideas, en la persona con la que todos quieren estar, la que puede crear nuevas cosas, la que puede hacer negocios útiles y nuevos que, en compensación, nos proporcionarán dinero para que finalmente podamos dejar nuestro trabajo.

- Espiritual: veremos esto en mayor detalle en un capítulo posterior pero, por ahora, cultivemos el sentido de la gratitud por la abundancia de la que ya gozamos. Soltemos todo lo que no podamos controlar.

¿Y qué pasa si estamos en crisis? Entonces puede resultar muy difícil hacer esto.

El truco está en ser consciente de nuestros pensamientos en el momento en que aparecen. Incluso los de dolor. Siempre tendremos pensamientos y experiencias dolorosas.

Pero iremos más despacio. Respiraremos hondo y nos dejaremos ir.

Revisemos la lista. ¿Hemos hecho hoy la Práctica Diaria? Si no es así, no hay que presionarse, sino intentar realizarla. Hagamos solo una cosa de la lista anterior. Luego dos. Poco a poco volveremos a ponernos en forma.

El dolor, emocional o mental (preocupaciones, ansiedad, remordimiento), es un ejemplo de la protección que el cerebro trata de brindarnos. ¡Pobre cerebro! ¡Se está esforzando mucho!

Piensa que al proporcionarnos pensamientos dolorosos evitará que toquemos otra vez el fuego.

Amamos a nuestro cerebro, pero a veces es muy molesto.

Así que tenemos que domesticar el cerebro, igual que a un perro.

EJERCICIO
ÚTIL / NO ÚTIL

La alternativa aquí es la técnica de lo útil y lo no útil, que poco a poco se convertirá en un poderoso método para «susurrarle al cerebro».

Etiquetaremos como útil o no útil cada pensamiento que tengamos.

Si nos preocupan dos personas que hablan a nuestras espaldas, esto no es útil. No nos concierne lo que piensen de nosotros. No debemos sentir curiosidad por las opiniones negativas de otras personas. Si no, toda nuestra vida tendremos curiosidad por las cosas incorrectas.

Si nos despertamos en mitad de la noche preocupados por una negociación o una relación que no nos es útil, nos daremos una cita a nosotros mismos para tratar este asunto a las tres de la tarde, mejor que a las tres de la mañana. Con frecuencia a las tres de la tarde estaremos pensando en otra cosa.

Si nos preocupa cuánto dinero tendremos dentro de cinco años, no es útil. Si nos preocupa lo que hicimos en la fiesta de anoche, esto tampoco es útil.

¿Qué es entonces lo útil? Las cosas funcionales, como «voy a preparar el almuerzo para los niños ahora». A menos que les enseñemos a que lo hagan ellos mismos, lo que será útil también en algún momento.

Lo que nos proponemos es lograr separarnos de nuestro cerebro cuando sea necesario; igual que podemos controlar nuestra respiración cuando lo necesitamos, también debemos ser capaces de controlar nuestro cerebro.

A menudo nuestro cerebro no lo necesita. Como tampoco la respiración necesita que le digamos qué hacer. Pero a veces hay que tomar cartas en el asunto.

La mayor parte de la gente no lo hace, y pasan sus días dejando que el cerebro controle todo. Los vemos por la calle, con los ojos fijos mientras se arrepienten de su pasado y sienten ansiedad por el futuro. No saben cómo escapar.

Decir No a los otros significa decir primero No a nuestra mente, a la ansiedad, los remordimientos y pensamientos que no son útiles. Practicar ejercicios como estos nos ayudará a lograrlo.

Entonces estaremos listos para ir más allá del nivel del suelo. Veremos un mundo enorme y maravilloso que está esperándonos. Estamos en el camino de decir No y, aun a riesgo de ponerme un poco sentimental, no hay forma de volver atrás.

Tres Noes y un Sí

JAMES: Tengo un problema: suelo estar de acuerdo con las cosas. Con muchas de ellas. ¿Quedamos para tomar café? De acuerdo. Sé un consultor para mi compañía, solo te llevará una hora a la semana. De acuerdo. ¿Puedes hablar en mi conferencia? De acuerdo. ¿Puedes cuidar a mis hijos? Eso no. Nunca, ni en un millón de años (bueno, puede que al final no esté de acuerdo con todo).

¿Tenemos tendencia a decir Sí a demasiadas cosas? ¿Nos cuesta trabajo decir No? ¿Creemos que vamos a parecer maleducados o que los demás no van a querernos?

En ese caso debemos intentar esto. Tenemos derecho a tres Noes por cada Sí en nuestra vida.

Esto me funcionó cuando buscaba clientes para mi primer negocio. También lo hizo cuando vendí otros negocios y cuando conocí o invertí en nuevas personas. Ha funcionado también en mis relaciones. Tres Noes por cada Sí.

No es un truco. No está diseñado para hacer que la gente que nos pide cosas se desespere. Vamos a examinarlo:

1. Diremos el primer No porque no tenemos bastante información. Simplemente no sabemos lo suficiente sobre la gente o las compañías que están en juego, o acerca de la mujer con la que estoy saliendo o el amigo que voy a ver por primera vez, como para decir Sí.

   A veces nos entusiasmamos mucho, pero la realidad es que nunca sabemos lo suficiente en la primera reunión. Incluso si nos estamos vendiendo a nosotros mismos, como cuando buscamos nuevos clientes, tenemos que decir No la primera vez, o bien «debo discutir esto con mis socios» o «esto suena bien, pero déjeme pensar la mejor manera para ayudarlo, porque quiero ser justo».

   Preparemos nuestras palabras por anticipado. «Debo decir No hasta que lo consulte con mi socio/ amigo/esposo/padre.»

2. El segundo No se da cuando ya conocemos a la persona, pero todavía no tenemos todos los detalles. Seguimos descubriendo los términos de la relación y cómo

van a funcionar las cosas. Puede que hayamos trabajado juntos antes. No importa si buscamos un trabajo de encargado de limpieza o vamos a ser el presidente de una compañía; necesitamos conocer los detalles.

3. El tercer No se da simplemente porque tenemos que decidir si nos gusta la persona a la que vamos a decirle que Sí. De otra manera podríamos comenzar a tener tratos con gente que no nos agrada. Aquí es donde podemos decir: «Dame un poco de tiempo». A la gente no le cuesta mucho conceder tiempo, no es algo que pueda retenerse entre dos dedos. Así de pequeño es.

Como suele decirse, la vida es demasiado corta. No me gusta trabajar con gente que me desagrada.

Es cierto que no todo el mundo tiene esa posibilidad.

De acuerdo. Tal vez no todo el mundo pueda escoger, pero yo sí, gracias a que ya he comenzado a escuchar mis propios consejos, haciendo la Práctica Diaria para estar sano y manifestar mi propia elección.

De hecho, las únicas veces en mi vida que dije Sí demasiado rápido fue cuando perdí todo mi dinero, los amigos, las relaciones y la familia, y estaba desesperado por encontrar nuevas oportunidades.

Si lo hiciera dejaría de tener mi poder personal. Aunque mi objetivo no es ejercer poder sobre la gente, esa es la manera incorrecta de usar el poder del No.

El objetivo es reclamar el poder para nosotros mismos. Dar un paso atrás y preguntarnos: «¿Qué es lo que quiero?».

Decir No, no para alejar a las personas y que se desesperen, sino para hacerles saber que las relaciones son importantes para nosotros. Que nuestro vínculo con ellos nos importa y que requiere respeto.

El beneficio es que, si se van después del primer No, del segundo o incluso del tercero, nunca habría habido un Sí que hubiera funcionado para nosotros a largo plazo. Si decimos Sí contra nuestra voluntad, entonces aprenderemos rápidamente a odiar a todos los que nos rodean, incluida la persona que vemos cuando nos miramos al espejo.

EJERCICIO
QUEMAR LAS EXCUSAS

Mucha gente dirá: «¡Pero si no puedo cambiar!».

Soy demasiado viejo, tengo demasiadas responsabilidades o no tengo suficiente educación. O la gente se reirá de mí.

Las excusas son como fugas en un barco. Cuando tapas una, aparece otra todavía mayor. Es difícil reparar el barco y llevarlo a la costa de manera segura si tenemos una estructura mental llena de excusas.

Aquí va una sugerencia:

- Elegiremos un tiempo y un espacio para la reflexión.
- Encenderemos una vela y estableceremos el ambiente propicio.

- Invitaremos a nuestro espíritu a entrar. Elevaremos una pequeña plegaria.
- Cogeremos un papel y un sobre.
- Escribiremos todas las excusas de por qué no podemos cambiar nuestra vida. Hagámoslo. Va a ser divertido.
- Metemos el papel con las excusas en el sobre. Ahora este es sagrado. Tiene todas nuestras excusas.
- Cerremos los ojos y respiremos profundamente. Sintamos el sobre en la mano.
- Diremos: «Excusas, voy a dejaros ir. Hemos vivido muchas cosas juntos, pero ahora debemos separarnos».
- Tomaremos el sobre y lo tiraremos a la basura. Después sacaremos la bolsa de la casa.
- Apaguemos la vela. Es como si simbólicamente hubiéramos quemado las excusas.

Cuando alguna de estas excusas aparezca de nuevo, sabremos que ya no es nuestra.

La luz de esa vela ahora ha reemplazado a las excusas. Si siguen apareciendo en nuestra cabeza, abriremos la mano y diremos: «Que se haga la luz», e imaginaremos cómo se queman las excusas.

No es una cursilería; funciona, pero requiere práctica.

> Las excusas pueden desaparecer desde el primer día, o tal vez no. Pero está bien. La práctica no hace que todo sea perfecto, pero poco a poco se convierte en algo permanente.

¡Decir No a quejarse!

CLAUDIA: Una vez fui a un taller en el que el monitor nos entregó una goma elástica a cada uno de los participantes para que nos la pusiéramos en la muñeca. Durante toda la semana, cuando nos quejábamos, teníamos que estirar la goma lo máximo que pudiéramos y luego soltarla, para que nos golpeara con fuerza.

Era un fuerte golpe en la muñeca y una excelente manera de enseñarme, a nivel corporal, que quejarse duele. Era una manera de decir un No firme a todas las quejas.

Quejarse succiona el aire a todas las nuevas posibilidades que pueden aparecer en el presente, lo arrastra todo a un modo depresivo y nos deja sin energía.

Quejarse es reaccionar al dolor que ya sentimos, pero de manera negativa. Es una forma segura de duplicar el dolor en lugar de hacer lo que realmente funciona: observar y liberarse.

Cuando dejamos de quejarnos, empezamos a ver cada situación como una oportunidad. Cambiamos nuestra percepción y experimentamos el milagro de contemplar las cosas de otra manera en lugar de caer en los viejos hábitos que sabemos que no funcionan.

Cuando dejamos de quejarnos nos alineamos con la inteligencia absoluta. Le abrimos la puerta a las nuevas ideas en vez de cerrársela.

Por supuesto, esto no significa que dejemos que todos nos pisoteen. Quejarnos es distinto de hacernos valer. Si alguien está tratando de robarnos la energía, entonces, naturalmente, debemos hablar y hacer lo necesario para detenerlo.

Quejarse, sin embargo, es una energía de baja frecuencia que no sirve para nada.

Cuando dejamos de quejarnos estamos confiando en que hay una manera mejor y que estamos dispuestos a escucharla.

EJERCICIO
DIETA ANTIQUEJAS

Quejarse nos quita la energía.

Tratemos de vivir una semana sin ningún tipo de queja. Cuando sintamos que comienzan a aparecer reacciones negativas, haremos todo lo que podamos por detenerlas. Si se transforman en quejas completas y totales, empezaremos otra vez desde el principio.

Hemos de ser cuidadosos con lo que decimos en situaciones donde se espera tener pequeñas conversaciones banales. Estos son los momentos en los que todos somos particularmente vulnerables a quejarnos de manera casual.

Si hay que decir algo, hablaremos del tiempo. Si otra persona trata de llevarnos hacia una dirección negativa, cambiaremos de conversación. Y si esto no funciona, le diremos que no nos apetece hablar de manera negativa porque estamos en una dieta antiquejas. Hay que decirlo, ser diferentes. Esto inmediatamente dará un vuelco a la conversación.

Reemplazaremos un pensamiento de queja por uno de gratitud o de compasión.

Esta es la verdadera ley de atracción.

Cuando acabe la semana, haremos un examen sobre cómo nos ha ido.

Y lo repetiremos durante el resto de nuestra vida.

Cuándo decir No a las reglas

JAMES: Todos crecimos con reglas, y las odiamos. Los niños pequeños las necesitan. Por ejemplo, no deben cruzar la calle si no es de la mano de un adulto, ni tomar más de un vaso de refresco. Tampoco deben robar cosas de la tienda.

Cuando crecemos nos damos cuenta de que algunas reglas se han convertido en leyes (¡No matemos a nadie!), lo que está

por completo justificado. Es así como opera la sociedad. Todos estamos implícitamente de acuerdo en que la manera en
la que millones de seres humanos pueden relacionarse es siguiendo cierto número de reglas. Así es como sé que gente ex-
traña no va a matarme (la mayor parte del tiempo). Algunas
leyes no son a prueba de tontos (alguien puede matarme fácilmente si de verdad quiere), pero es posible que estas puedan
disuadirnos de llegar a la acción y que puedan ser una guía
para vivir en una sociedad compleja.

Pero algunas normas tratan de gobernar nuestro comportamiento de forma mucho más personal. Incluso existe un libro, *The rules* [Las reglas], sobre cómo deberíamos actuar
cuando salimos con alguien. Existen reglas que debemos seguir si queremos salir con una mujer o con un hombre, para
que lleguemos a gustarle o incluso para que esa persona llegue
a amarnos, las cuales, por lo general, son incompatibles con
quienes realmente somos.

Lo que pase cuando ella o él se entere de quienes somos
de verdad es otra historia. Cuando llegue ese momento tal vez
ya ni siquiera exista un yo verdadero. Uno de los mayores problemas en las relaciones es que todos llevamos una máscara al
principio para ser aceptados.

Si de entrada no nos gustamos a nosotros mismos, las máscaras que usamos van a ser distorsiones grotescas de quienes somos.

Algún día finalmente nos quitaremos las máscaras y comenzarán los problemas, y no solo en las relaciones románticas, sino
también en el trabajo, en la familia, en las interacciones con instituciones, con nuestros vecinos, etc.

El problema con las reglas es que no son absolutas. Un ejemplo radical de esto se da en la ciencia. Tratar de capitalizarla la hace parecer casi una deidad, y de hecho juega este papel en nuestra sociedad. Pensamos que la ciencia hace las leyes de la meteorología y del universo, que determina las fuerzas que están en juego y que pueden traer la buena suerte o provocar calamidades, entre otras cosas.

Y sin embargo, las «leyes» de la ciencia tienden a cambiar cada cinco o diez años, y tienen que escribirse nuevos libros de texto. Einstein casi reescribió completamente a Newton y, sin embargo, unos pocos años después del primero, el principio de incertidumbre de Heisenberg puso en peligro las leyes de la relatividad.

Somos malos prediciendo el futuro. La mayor parte de la gente piensa «si logro entrar en esta escuela», «si conozco al tipo adecuado», «si tengo la casa de mis sueños» o «si tengo hijos», al final podré ser feliz.

Vamos por la vida con algunas guías básicas (las reglas) sobre cómo alcanzar esas cosas (tener buenas notas, ser agradable con el jefe, ahorrar dinero para comprar una casa, no dibujar fuera de las líneas) y eventualmente tendremos algunas o todas ellas que creemos que llevan a la felicidad. Todo es muy blanco y negro.

Pero entre el blanco y negro hay un maravilloso espectro, no de grises, sino de todos los colores del universo. Un color es una frecuencia del espectro. Todos vibramos de manera propia dentro de él. Nuestra misión como seres humanos es vibrar a nuestra frecuencia y no a la de otros.

Y para ayudar a los demás debemos primero asegurarnos de nutrir nuestro espíritu. Dos granjeros vivían uno junto al otro. Uno trabajaba diligentemente construyendo un pozo mientras que el otro hacía uno con menos cuidado. Durante una sequía, el granjero con el mejor pozo tuvo suficiente agua para sobrevivir. El otro pasó sed.

El poder del No es el poder del discernimiento. Con el escepticismo espiritual desarrollamos el discernimiento para saber a qué reglas le decimos Sí y a cuáles No, y qué leyes deben reescribirse por completo para salvar el universo.

Cómo saber cuándo romper las reglas:

a) Usemos nuestra asertividad para decir No. Nunca hagamos nada que no queramos. A veces es difícil decir No a las cosas que no queremos hacer, así que aquí hay algunas propuestas:

Consultarlo con la almohada. El sueño regenera cada neurona del cerebro que se dedica a la creatividad. Decir No con frecuencia requiere ser creativo.

Ser honesto. Tratar de entender por qué no queremos hacer algo, y decírnoslo a nosotros mismos claramente.

Postergar cosas. Esto no significa «esperar para siempre». Quiere decir «necesito tiempo para pensar sobre esto». Usémoslo con sabiduría.

Ser amable. Si la gente no puede aceptar un No que se dice con amabilidad, entonces hay otros problemas dentro de la relación. ¿Cuáles?

Soltarlo. Ya hemos dicho No. Ahora esperaremos los resultados. Muchas veces estos serán mejores de lo que pensábamos. No hay que olvidar que no hacemos buenas predicciones del futuro, tanto a corto como a largo plazo. Creemos que las consecuencias van a ser malas si decimos No. Pero en realidad no tenemos ni idea.

b) No le haremos daño a nadie. Si la acción que queremos realizar conlleva el riesgo de lastimar a alguien, no la llevaremos a cabo.

No hay que olvidar que las personas que probablemente acaben lastimadas seamos nosotros mismos. Asegurémonos de no hacer nada que pueda causarnos daño.

Un ejemplo muy sencillo es cruzar la calle. Si no hay coches, podemos cruzar. Nadie acabará lastimado. Un ejemplo más complejo es cuando un competidor nos ofrece un nuevo trabajo, pero todavía seguimos en un empleo anterior desde el que podríamos darle información valiosa al competidor. ¿Qué reglas es importante seguir en este caso? ¿Qué información podemos dar?

No hay nada claro en este sentido, pero siempre se puede usar la guía de «No le haremos daño a nadie» como una buena hoja de ruta.

c) Usar la compasión. Una frase bien conocida dice: «No los culpes, solo están haciendo su trabajo». No sabemos si debemos acusarlos o no. Pero el hecho de culparlos no ayuda a encontrar el sentido de la vida. Tan solo llevará a nuestra mente a un camino de autodestrucción.

Con frecuencia es difícil sentir compasión por la gente que más despreciamos en la vida. Pero todo mundo vive con sus propios problemas, y tiene que librar su propia batalla contra la soledad, el aislamiento y el miedo. Y al final también muere.

No sintamos lástima por nuestros enemigos, pero tampoco perdamos el tiempo culpándolos.

La práctica de la compasión hacia la gente que nos rodea, buenos y malos, es una técnica poderosa. Eso no quiere decir que esas personas vayan a tratarnos mejor. Quién sabe, tal vez incluso se comporten peor. Pero, rápidamente, nos otorga un gran superpoder: podemos ser compasivos con los extraños que están tratando de obstaculizar nuestro camino.

Adondequiera que vayamos hay reglas y guardianes de estas: por ejemplo, los extraños que se dedican a evitar que podamos hacer lo que queremos.

Mostrar compasión hacia esos guardianes permitirá que esas puertas se abran mágicamente con más frecuencia de lo que podríamos esperar de otra manera.

¿Por qué? Porque los guardianes no están habituados a recibir una muestra repentina de compasión o de cariño genuinos. ¿Van a sentir por ello algo diferente hacia nosotros? ¿Quién sabe? ¿Quién sabe nada?

Solo conocemos lo que funciona en la práctica. Nosotros, los autores, rompemos muchas reglas. Y lo hacemos a través de la práctica diaria de cultivar la compasión hacia la gente que no lo espera.

«Pensaba que la compasión debía ser desinteresada. Haces que parezca egoísta.»

Y esta es nuestra respuesta: ¿y qué? La compasión es la compasión. ¿Acaso no debe de ser buena también para nosotros? ¿Y qué pasaría si resulta ser fantástica para nosotros?

Cuando algo funciona, lo usamos.

Este libro no trata sobre conquistar el mundo o sobre decir No de manera desagradable a todos los que nos rodean. Versa sobre cuidarnos a nosotros mismos, lo que significa no solo respetar nuestros actuales límites, sino crear unos nuevos, un poco más locos y con otras dimensiones.

Esto no significa caer en el terreno del blanco y negro, sino encontrar nuestra propia frecuencia especial, aquella con la que podemos brillar de la manera más luminosa posible en este universo en el que nos encontramos inmersos.

Encontraremos esa frecuencia a través del No, a través de las técnicas que hemos descrito, y entonces seremos nosotros quienes escribamos las reglas.

Porque si no lo hacemos, alguien lo hará por nosotros.

Decir No a los ataques repentinos del pensamiento

JAMES: Me despierto a las tres de la mañana todos los días. No puedo evitarlo. No importa cuánto me centre en la higiene del sueño. Casi podría decirse que sufro de estrés postraumático por las muchas, muchas veces en las que me he despertado en medio de un ataque de pánico a las tres de la madrugada.

Como aquella vez, cuando era analista de mercados, en la que me desperté y bajé las escaleras para ver cómo les estaba yendo en ese momento. ¿Qué demonios pensaba que podría hacer a las tres de la mañana?

¿Y qué mercados?

Eso fue hace casi diez años. Resultó que había habido un ataque terrorista en Turquía y los mercados del mundo entero se estaban colapsando. Llamé a mi socio y lo desperté a las tres de la mañana para que pudiéramos compartir el ataque de pánico. Ambos teníamos acciones y debíamos pensar en cómo vender.

Parecía que el mundo se estaba derrumbando, pero ¿qué podíamos hacer? Nos dejamos vencer por el pánico y vendimos.

A las nueve de la mañana, el ataque terrorista, por lo menos desde el punto de vista de los mercados, ya era historia antigua. Todo estaba volviendo a su orden anterior. Volví a comprar mis acciones, pero perdí seis horas angustiándome.

En otra ocasión estaba casi en bancarrota. Me desperté a la tres de la mañana, otra vez presa del pánico.

Empecé a sumar todo el dinero que ingresaba con el que ya tenía en el banco y lo dividí por lo que gastaba cada mes. Recorté gastos y dividí de nuevo. Mentalmente trabajé más y añadí más dinero. Jugué con las fracciones.

Pero el panorama no era nada bueno. Iba a entrar en bancarrota y luego a morirme.

Empecé a llorar. Finalmente me quedé dormido ahí, en la mesa; no podía hacer nada.

Cuando me desperté, había papeles con números por toda la mesa. Había números tachados y escritos hasta en los extremos del papel. Asteriscos junto a otros números y más entre paréntesis. Y había más papeles arrugados en el suelo.

Pero ninguno de ellos servía para nada.

Y no lo digo de manera metafórica. Estuve tratando de encontrar un solo papel que tuviera algún sentido, pero era como bajar al sótano de aquel tipo de la película *Una mente maravillosa)*: ninguno de esos papeles podía ser descifrado.

Como siempre, mis peores temores nunca sucedieron, ni siquiera se acercaron un poquito a hacerse realidad.

Estas son solo dos historias, pero tengo cincuenta de ellas. La última vez que hacienda me escribió una carta, decidí que el mejor momento para pensar en ella era las tres de la mañana. O cuando mi novia quedó en llamarme a las nueve de la noche y eran las tres de la mañana. O cuando tenía que aparecer en la televisión al día siguiente y estaba muy nervioso. O cuando me estaba divorciando y tenía miedo de no ver nunca más a mis hijos.

Nada de lo que predije a las tres de la mañana sucedió nunca.

Y lo digo de nuevo: nada de lo que llegué a predecir a las tres de la mañana llegó nunca a suceder.

¡Nunca!

Así que he aquí lo que hago ahora, que se puede usar como ejercicio.

Me digo a mí mismo: «Nada de lo que predigo a las tres de la de la mañana llega a suceder. Ahora estoy cansado y creo que necesito dormir, así que voy a concertar una cita conmigo mismo a las tres de la tarde para concentrarme en este problema urgente».

EJERCICIO
DOMAR LA MENTE QUE PIENSA DEMASIADO

Ser consciente de los pensamientos que fluyen por nuestra mente es algo poderoso, ya que por lo general vamos por la vida esclavizados por ellos.

Dejar ir nuestros pensamientos y estar presentes sin nombrar lo que está sucediendo nos proporciona un descanso y una oportunidad para permitir que pueda entrar otra cosa: tal vez la sabiduría, o incluso la paz.

Se calcula que una persona normal puede llegar a tener setenta mil pensamientos al día.

- Buscaremos nuevas maneras de reducir ese número, como un escritor que recorta una novela que es demasiado larga.
- Seremos conscientes de cuando estamos pensando demasiado y cuando somos presa del pánico.

- Respiraremos profundamente, reduciremos el número de pensamientos e intentaremos cambiar nuestra percepción hacia una de abundancia y tranquilidad.
- Seremos conscientes: estamos haciendo un cambio, del pánico (muchos pensamientos) a la abundancia (menos pensamientos).
- Nos preguntaremos a nosotros mismos: «¿Qué es lo que realmente necesito entender?» Y guardaremos silencio. Esperaremos a escuchar las respuestas.

Decir No a la presión social

CLAUDIA: Hace unos años, la esposa de un artista que admiro mucho me invitó a una fiesta sorpresa para celebrar uno de los muy merecidos premios de su marido.

En esa época yo estaba deprimida, pero quería ir al menos unos minutos para apoyar a mi amigo. Cuando llegué me di cuenta de que no conocía a nadie y me sentí incómoda. Luego fui a saludar a mi amigo y lo felicité. La fiesta era un poco tarde para mí, así que decidí irme temprano.

Empezaba a sentir que la depresión se hacía presente y sabía que en cuanto se sirviera la cena estaría atrapada allí para el resto de la noche. Así que agradecí la invitación a la mujer de mi amigo y le dije que ya me iba.

Ahí fue cuando se desató el infierno.

No recuerdo las palabras exactas que usó, pero cualquiera que hubiera visto su cara a distancia habría sabido que me estaba regañando. Alzó la voz y con un lenguaje cortante me detuvo.

—¡No te puedes ir! La mesa y la comida ya están listas —me dijo en un tono despótico.

Mis cuarenta y tantos años de vida se fueron por la ventana: yo no era una mujer, sino una presa. Comencé a caminar hacia atrás hasta que pegué la espalda contra la pared de madera y no tuve a dónde ir.

—De acuerdo —respondí simplemente, mientras algo dentro de mí se rompía.

Pude haber dicho No, pero no sabía cómo. Eso no lo enseñaban en mi escuela. Cuando éramos niños nos preparaban para ser educados, amables y decir Sí a todo en los momentos equivocados. En ese momento, con la mujer de mi amigo, volví a ser una niña otra vez.

Sé que la clave es hacer lo que llamamos ABC: Aceptación, Borde, Cierre. Cuando alguien quiere manipularnos, necesitamos ponernos en modo ABC.

Primero la Aceptación: pude haber repetido lo que ella me dijo. Sí, había trabajado mucho para ese momento (en este caso, para la fiesta) y era maravilloso.

Segundo, marcar un Borde o límite: «Tengo que irme en cinco minutos». La otra persona puede o no aprobar nuestro límite, pero ese ya no es nuestro problema. Los beneficios de hacer esto van a sobrepasar la incomodidad del momento. Solo tenemos que repetir de forma constante «ABC».

Finalmente, el Cierre: pasados unos minutos, nos vamos.

ABC es una manera muy efectiva de lidiar con la manipulación. Primero hay que entender lo que está sucediendo (reconocer el ataque de la manipulación) porque si actuamos de inmediato, sin reconocer lo que estamos sintiendo y sin tomar aire, corremos el peligro de crear más caos.

Si no somos honestos es como decir Sí a todos menos a nosotros. Es una manera de dañarnos a nosotros mismos.

Si no decimos Sí según nuestros términos, lo estamos haciendo en los de los demás y los resultados nos lastimarán.

Veamos estas oportunidades como educación; contemplemos estos obstáculos como una manera de crecer. Sin aprender a decir No, no podemos llegar a decir un Sí verdadero a nosotros mismos.

Decir No a la gente abusiva

¿Cómo reconocer a una persona abusiva? Hay algunas maneras muy habituales:

a) Tratan de hacernos sentir culpables.

b) Intentan enfadarnos.

c) Pretenden que sintamos miedo.

d) Quieren hacer que pensemos que nos hemos equivocado.

e) Se hacen las víctimas.

f) Tratan de poner a los demás en nuestra contra.

g) En sus cuerpos de zombis enajenados, intentan sonar inteligentes y razonables para convencer a cualquiera que los escuche.

Debemos preguntarnos siempre: ¿cómo me siento cuando estoy cerca de esta persona? ¿Me siento bien conmigo mismo?

Si la respuesta es No, necesitamos alejarnos de esa persona. La clave es no comprometerse con ella. Tenemos que poner en cuarentena la enfermedad de la persona abusiva para que no se extienda. De otra manera nos acabará contagiando.

Podemos probar a sentir compasión por esas personas, pero eso no significa que necesitemos pasar tiempo con ellas (o peor aún, que intentemos salvarlos).

Antes de que vayamos más allá, debo reconocer que esto es muy difícil. Es duro para nosotros, y para todos.

Es especialmente duro porque casi siempre estas personas son familiares, socios o incluso nuestro jefe, una persona que vemos todos los días. Es alguien muy cercano que conoce nuestros puntos débiles.

La cólera también puede venir desde varias generaciones atrás. Al mal le gusta alimentarse de sangre nueva.

Cuando la persona abusiva aparece en nuestra vida, no importa de quién sea la culpa. Esa no es la cuestión, porque significa que nos estamos comprometiendo, que estamos discutiendo y tratando de usar razones con una energía que no atiende a ellas.

Nos repetiremos a nosotros mismos: «prefiero estar sano

a tener razón», porque la infección de alguien tan herido puede contagiarnos si aceptamos estar cerca de esa persona.

Si tenemos que ver a ese alguien con frecuencia, intentaremos recurrir a intermediarios siempre que podamos. Si necesitamos comunicarnos directamente, seremos breves y nos limitaremos a dar el mensaje.

Esto, por supuesto, es mucho más fácil de decir que de hacer, pero de nuevo, cuando uno de estos trabajos espirituales difíciles se acerca, podemos estar seguros de que si pedimos ayuda, esta llegará. A través de estos obstáculos creceremos y seremos más sabios.

Cuando una persona abusiva entra en nuestra vida, es una señal del espíritu que apunta hacia errores que cometimos en el pasado y que nos han traído hasta aquí, para darnos la oportunidad de cambiar de ruta, aprender y ver las cosas de manera diferente.

Si actuamos desde esta nueva perspectiva, liberemos los resultados. Esto significa que no debemos depender de ninguno de ellos, pues esta es la forma segura de tratar de tener razón a ultranza en lugar de permanecer saludable y feliz.

¿Qué hacer si la persona abusiva quiere volver a nuestro círculo, argumentando que ha cambiado?

Cuidado. Hay un ciclo en las relaciones abusivas, uno en que el abusador piensa que ahora está bien, tan solo para repetir su comportamiento en cuanto se restablece la confianza. Podemos encontrarnos muy pronto en la misma situación en la que estábamos antes. Podemos perder semanas, meses o años de nuestra vida de esta manera.

Si una persona abusiva reaparece en nuestra vida tal vez requiera que busquemos ayuda profesional, dependiendo de la naturaleza del abuso original. Necesitamos tener muy claros cuáles son los límites y estar muy alerta para ver si se puede restablecer la confianza.

Esta es la situación en la que podremos usar la segunda palabra más importante: «ayuda».

4

El No a la ira del pasado

«Tenemos derecho a ser sinceros, sobre todo con nosotros mismos, y a respetar nuestros propios tiempos, ritmos y naturaleza...»

En los últimos tres años James ha respondido a miles de preguntas en nuestros blogs, en seminarios, a través de internet y en conversaciones.

Nos llegan centenares de preguntas del mundo entero. Los temas van desde las relaciones que no funcionan o el trabajo que la gente odia a cómo encontrar una pasión, cómo no caer en bancarrota, cómo soportar la soledad o cómo superar las adicciones.

Todas estas preguntas son como los pigmentos de una pintura. Cuando damos varios pasos hacia atrás y podemos ver la imagen completa, se observa de qué manera funcionamos como raza humana.

Viendo las cosas de cerca es evidente dónde están nuestras heridas, por qué estamos confundidos y qué es lo importante para todos nosotros ahora mismo. Todos deseamos curarnos. Queremos ser la persona que en realidad somos en nuestro interior. Deseamos brillar, ser amados y sentirnos orgullosos de nuestra huella en el mundo.

Lo intentamos de verdad, con fuerza, pero mucha gente piensa que están atrapados y no saben cómo salir adelante.

El cuarto No tiene que ver con nuestro grado de evolución. Aun cuando los siete Noes funcionan juntos, y aunque cada uno de nosotros tomamos conciencia a partir de ellos en diferentes momentos, los Noes tienen una jerarquía particular.

El primer nivel nos ayuda con nuestras heridas abiertas y con nuestras cicatrices: debemos curarlas para proteger nuestras vidas.

El segundo No redirige nuestras energías de las tentaciones adictivas o evasivas hacia lo que es importante para nosotros, hacia lo que queremos crear.

El tercer No nos ayuda a convertirnos en individuos verdaderos. Nos damos cuenta de que no necesitamos ser manipulados ni maltratados. Y ahora, como aprendices del poder del No, comenzamos a asimilar cómo la sociedad ha sido manipulada por fuerzas muy profundas que se han extendido desde las instituciones más respetadas, y cómo han afectado hasta lo más recóndito de nuestros corazones.

Ahora nuestros corazones se están abriendo y aprendemos a no resistirnos a la verdad, sino a fluir con ella. Aquí es donde puede encontrarse la auténtica abundancia.

Ahora es el momento de tener una importante masa crítica de conciencia para poder hacer la transición desde el *Homo sapiens* para llegar a ser *Homo luminous,* brillando en la luz del mundo.

El No compasivo

CLAUDIA: Cuando mi madre saltó hacia su muerte desde el séptimo piso de nuestro edificio de apartamentos, yo acababa de cumplir los dieciocho años. Llegué a la escena dos horas después.

Ella todavía estaba ahí, en el patio trasero del apartamento 1H. Su cuerpo destrozó una mesa de cristal. Un policía montaba guardia en la puerta para evitar que entraran doscientas personas atraídas por el magnetismo del terrible suceso.

Cuando vi al policía bloqueando la puerta, sentí un subidón de poder, de desafío y de cólera: una explosión de emociones. Me enfrenté cara a cara con él en menos de un segundo. Lo miré fijamente a los ojos y le pedí que me dejara entrar para verla por mí misma. Quería ser yo quien se ocupara de esa pesadilla ¡no él!

Se negó a dejarme entrar. «La policía está investigando», me dijo. Su postura era firme, con las manos en la cadera.

Me volví loca. Le dije que era mi madre y que no me importaba nada más. Que iba a entrar, y que Dios me ayudara.

Entonces, la barrera se rompió.

Relajó los hombros, se movió unos centímetros de la puerta y suavizó la mirada. Un torrente de tristeza salió de él y llegó hasta mi corazón.

—No quieres ver esto —me susurró.

Di dos pasos hacia atrás, como si me hubiera atravesado una flecha. Y mientras lo miraba, me vine abajo, porque la situación era real y él tenía razón: yo no quería ver nada. Me di la vuelta para buscar a mi familia y empecé a sollozar.

Fue la humanidad de este oficial la que me hizo ver que yo estaba en shock. Fue su habilidad para mirarme a los ojos, desde su corazón roto hacia el mío, lo que me ayudó a tomar la decisión adecuada, alejarme de aquel patio y no quedarme bloqueada pensando que era él quien me estaba obstaculizando el paso. Fue su honestidad lo que me hizo comprender lo que estaba pasando, y fue eso lo que me conmovió.

Pienso en él como en una especie de ángel, porque abandonó su actitud de policía y se olvidó por un momento de sus órdenes de proteger la puerta, dejando a un lado también cualquier intención de controlarme. Simplemente me miró, lleno de compasión, con el corazón por completo abierto. Nunca olvidaré hasta qué punto sus ojos y sus palabras me conmovieron.

Su No, pronunciado con una compasión inteligente, dirigido impecablemente hacia mí en ese momento, me salvó de llevar una cicatriz más profunda.

Este el cuarto nivel del No. Es el No de la honestidad. El No de reconocer que todos estamos juntos en esto y que nos encontramos aquí para ayudarnos unos a otros.

Este es el No que nos hace más honestos y compasivos con nosotros mismos, y que nos hace estar listos para ayudar a los demás de manera inteligente y desinteresada.

Este es el No que nos lleva del animal a lo divino.

El No que nos hace seres humanos.

EJERCICIO
PERDONARNOS A NOSOTROS MISMOS

Respiremos profundamente cinco veces antes de acostarnos.

Pensemos en alguien con quien nos sintamos en conflicto. Puede ser un colega, un familiar, un vecino o alguien que nos hayamos encontrado en la calle.

Ya no importa quién tiene razón y quien está equivocado. Todos somos hermanos y hermanas en este tiempo tan corto que compartimos. Reflexionemos sobre esto durante un momento mientras pensamos en la otra persona.

Mentalmente, pidamos a la otra persona que nos perdone.

Aunque no haya nada que perdonar, visualicemos en nuestra mente el perdón en la cara de él o de ella. De esta manera, también estamos perdonándonos, ya que todo en nuestra imaginación no es sino un reflejo de nosotros mismos.

Aprendiendo a perdonarnos a nosotros mismos llegaremos a ser sinceros con todos los que nos rodean.

La verdad es una armadura poderosa. Es la principal fuerza en la naturaleza y se encuentra detrás de todas nuestras necesidades. Perdonémonos a nosotros mismos y el poder de la naturaleza será nuestro.

Decir No al egoísmo inconsciente

JAMES: Mucha gente dice: «Vive la vida como si fueras a morir mañana». Lo entendemos perfectamente. Debemos aprender a apreciar todo lo que nos rodea, porque puede que no estemos aquí mañana. Es una lección muy importante. Pero este capítulo no trata de esto.

Muchas veces la gente usa esta expresión queriendo decir que deberíamos vivir la vida sin que importe cómo. Que podemos hacer lo que queramos porque puede ser que el mañana nunca llegue.

Pero el mañana nunca se perderá, básicamente porque no existe. Siempre es hoy. Probemos. Mañana, cuando nos levantemos, nos preguntaremos a dónde se fue el mañana. Es hoy otra vez.

De hecho, es muy probable que nunca conozcamos un solo momento en el que no estemos vivos. Es en los demás en quienes debemos pensar.

Esta puede parecer una manera muy tonta de decirlo, pero no hay que preocuparse por ello. Pensar de esta manera puede cambiar nuestra vida.

Pensemos en alguien a quien amamos. O en mucha gente a quien queremos o en una persona que no nos importa demasiado. ¿Qué pasa si discutimos con uno de ellos? ¿Qué pasaría si murieran hoy?

Esta es una nueva expresión que podemos utilizar, una forma para mejorar las interacciones que tengamos hoy.

«Trata a todos hoy como si se fueran a morir mañana.»

Entonces nosotros:

- Seremos más amables con ellos.
- Trataremos de ayudarles a estar menos estresados.
- Intentaremos hacer realidad sus sueños solo por hoy.
- Hoy no hablaremos mal de ellos. No criticaremos a alguien que está a punto de morir.
- Los abrazaremos y besaremos, si es apropiado (no lo hagas obligatoriamente con la gente con la que vas a trabajar después. Puede ser un poco excesivo).
- Les escucharemos de verdad. «Voy a prestar atención a las últimas palabras de todos con los que me cruce hoy, sin interrumpirlos. Incluso si puedo terminar sus frases porque estoy a años luz de ellos, dejaré que ellos las acaben.» De hecho, no solo voy a dejar que terminen de hablar; les mostraré respeto. Tomemos aire y contemos hasta dos antes de responder.
- Aprendamos de ellos. «Voy a imaginarme que una fuerza vital universal me está hablando a través de las palabras de los demás. Voy a escucharles atentamente para encontrar claves que pueda descifrar después. Estas son las únicas claves que Dios va a darme, así que más vale que las escuche.»

Cada persona con la que interactuamos es un ángel enviado del cielo para enseñarnos una lección. ¿No deberíamos escucharle?

Aunque pueda parecer un poco macabro pensar que todos

144 | EL PODER DEL NO

los que están a nuestro alrededor están hoy a punto de morir, en realidad este simple truco nos ayuda a dejar el egoísmo inconsciente que forma parte de la mayoría de nuestros pensamientos. Si somos afortunados, incluso podremos salir de nuestro flujo de pensamientos para ver a los seres humanos que nos rodean con una nueva luz y con una disposición de servicio.

Las cosas extrañas que suceden cuando decimos No a las mentiras

JAMES: La gente tiende a pensar que la sinceridad depende de alguna manera de la felicidad, que alguien puede ser honesto porque es feliz o porque tiene todo el dinero del mundo.

Pero no es verdad. La vida es una serie de fracasos interrumpidos por algunos éxitos. Esa es la sinceridad. El fracaso no es necesariamente malo; es la realidad. E incluso aquellos que tienen todo el dinero del mundo también sufren problemas amorosos, depresiones, miedo y al final la muerte.

Todos compartimos la misma humanidad. En un nivel físico, apenas hay diferencia genética entre nuestro ADN y el de las otras personas.

En un nivel más profundo queremos ser libres. La libertad llega, claro está, cuando nuestras necesidades materiales básicas han sido satisfechas. Pero también viene de la sensación de que todo lo que precisamos es ver el atardecer. Y para ello no hace falta un yate de doce metros de eslora.

Muchas veces la gente tiene miedo de ser sincera. Creemos

que no van a querernos si decimos lo que pensamos. O pensarán que somos tontos. O que perderemos el trabajo. Existe una expresión: «La pluma es más poderosa que la espada». Esto solo quiere decir que una palabra sincera es más poderosa que cualquier arma que podamos usar.

Porque la pluma, es decir, nuestra palabra, es más poderosa que la espada, y la fe en la palabra va a hacer que el universo fluya hacia nosotros.

Una advertencia: pueden surgir algunas cosas inesperadas. Ser sincero con uno mismo puede producir, y con frecuencia lo hace, cambios visibles en la vida. La sinceridad puede incluso transformar a los amigos, la familia y el trabajo. Pero no todos están listos para el cambio.

Cuando empecemos a mojar los dedos de los pies en la sinceridad, la familia y algunos de nuestros amigos podrían dejar de hablarnos. Incluso nuestros colegas pueden comenzar a evitarnos.

Esta es una buena señal, porque significa que nos estamos transformando en quienes realmente somos, y por ello nuestra red personal/tribu/comunidad va a cambiar y a modificarse.

Nuestro lema es «Sinceridad hasta cierto punto». Nunca voy a herir a nadie.

La siguiente pregunta que la gente hará es «¿Es que te quieres suicidar?». Porque todo lo que decimos puede parecerles la carta de alguien que va a quitarse la vida. Cuando empecé a revelar los hechos más íntimos de mi vida, que me llevaron a la bancarrota en todos los niveles, y cómo pude comenzar de nuevo, la gente me preguntaba si había sufrido un infarto.

Aprendemos a una edad muy temprana que la vida es un baile de disfraces en el que debemos escoger con cuidado nuestras máscaras. Han aparecido industrias enteras para enseñar a la gente cómo manipular a los demás para conseguir lo que quiere. Al final, dejan de ver que realmente es el manipulador quien se encuentra en la posición más débil.

Con el verdadero poder nunca estaremos en una posición de debilidad. Cuando hablamos desde el corazón y desde la verdad, no importa lo difícil que sea, vamos a ser más fuertes.

Pero eso puede dar miedo. La gente no entenderá lo que estamos haciendo. No van a comprender por qué decimos lo que pensamos, ni por qué ya no vivimos en el miedo, como todos los demás.

La gente enviará correos electrónicos a nuestros amigos: «De verdad está tan loco como parece?». Y así es como conoceremos a nuevos amigos, porque un halo de intriga y sinceridad se esparcirá a nuestro alrededor.

Con el tiempo, otras personas tan especiales y únicas como nosotros comenzarán a vernos y nos reconocerán desde el otro lado de la habitación. Ah, pensarán, ese es alguien como yo. Y así es como encontraremos una nueva tribu, aquellos con los que vamos a crecer.

Aun así, otros pueden sentir miedo, porque decir la verdad es intimidante. Cuando la gente no está lista para ver su propia verdad, estar con alguien que ya lo ha hecho se convierte en un desafío. Así que puede que nos pongan ciertos apodos. «Oh, ese tipo es un disidente», por ejemplo. O un idiota. O algo peor.

Es difícil no tomarse eso de manera personal. Nuestro cerebro está entrenado para reconocer el peligro antes que las cosas positivas. Pero ahora estamos funcionando en una vibración más alta. No necesitamos preocuparnos por los miedos, los comentarios y los golpes que proceden de vibraciones más bajas.

Finalmente, la gente regresará con nosotros. Porque hay algo atractivo en nosotros. Si veinte mil personas están mintiendo y solo una está diciendo la verdad, esta última sobresaldrá del resto. Al principio la gente regresará por puro morbo. Si ven en televisión *Real Housewives* saben bien que no están viendo nada de verdad ni a ninguna ama de casa real; en cambio, nosotros sí que lo somos y quieren saber qué es lo que vamos a hacer a continuación.

La gente también regresará en busca de consejos, porque somos una verdadera fuente de integridad.

Decir No al colapso nervioso

JAMES: No es fácil para mí ser sincero. Crecí pensando que debía mentir para que la gente me aceptara. Necesitaba ser alguien que no era para esconder las cicatrices que pensaba que nadie veía.

Pensaba, por ejemplo, que debía ir a una buena universidad para agradarle a la gente. O ser un maestro del ajedrez. O tener el pelo liso. O no llevar gafas ni sufrir acné. Y, sobre todo, tener mucho dinero.

Todas ellas eran mentiras que me contaba a mí mismo porque pensaba que no le gustaría a nadie sin esas medallas brillando en mi camisa.

Estas eran las mentiras que yo les decía a los demás. A la primera chica con la que salí le dije que les había robado a mis padres mucho dinero y que lo había perdido apostando a los caballos. Cuando su padre vino a visitarnos, como se había enterado de mis aventuras en las carreras quiso que fuéramos todos al hipódromo. Nunca había ido a las carreras de caballos. Fuimos, pero yo no tenía ni idea de lo que estaba haciendo. Quedó muy claro que le había mentido a mi novia, como había hecho en otras ocasiones y como hice después, hasta que no quedó nada entre nosotros.

La verdad es que sí les robé dinero a mis padres, pero me lo gasté yendo al cine, comprando cómics y libros sobre ajedrez. El dinero lo quería para hacer novillos en la escuela y marcharme a Nueva York, ir a Washington Square y a jugar al ajedrez con todos lo que están allí. No era una historia tan excitante como la que le había confesado a la chica, que esperaba escuchar que yo era un joven forajido judío de la clase media residencial y suburbana.

Luego, mientras iba de un trabajo en otro, conté otras mentiras. Decía que tenía habilidades en un ciento por ciento, cuando en realidad eran de un diez por ciento. Al salario anterior le agregaba unos miles más para que cuando recibiera una oferta fuera superior en otros miles más. También decía poseer títulos que había tenido en otros trabajos que nunca existieron.

Pero luego no le contaría a la gente que me estaba divorciando o que estaban casi a punto de desahuciarme. O que estaba perdiendo la esperanza.

Pero ¿por qué mentía?

Nunca pensé que fuera bueno de verdad en nada, pero siempre quería más. Si llegaba al cuarto escalón de la escalera, estaba seguro de que el quinto ya tenía mi nombre. Y aunque estaba sudando, hambriento, infeliz y asustado, solo sabía que si llegaba al quinto escalón seguramente sería feliz. El premio me estaba esperando.

Así que no me importaba mentir para alcanzarlo.

Entonces todos me perdonarían. Todos me darían una palmadita en la espalda, celebraríamos una gran reunión y dirían «Sabíamos que lo conseguirías».

Las chicas que habían roto conmigo dirían que solo me estaban poniendo a prueba, que ellas también estaban esperando este momento. Estaría codo con codo con los jefes que me habían despedido y con la gente que me había ignorado. Todos en una gran fiesta en mi honor. Todos estarían felices, riéndose y dándome palmadas en la espalda.

Pero la verdad es que nunca alcancé ese escalón. Y nunca lo haré; en realidad me caí de la escalera.

Hace unos meses desayuné con la CEO de una compañía en la que trabajé. En esa época me despidieron y retuvieron una prima que yo necesitaba desesperadamente. Desde entonces cambiaron de CEO varias veces y ahora acababa de conocer a la última, que se había puesto en contacto conmigo. Cuando retuvieron mi pago me di cuenta de que allí no me ayudarían. Nadie sería justo. No era por culpar a nadie ni tampoco pesimismo. Solo necesitaba ponerme otra vez en pie. Reconocía que yo había sido el culpable de no haberme relacionado con buena gente, no haber sido lo suficientemente creativo o no sentirme agradecido.

Pero para poder estar cerca de las buenas personas, yo también necesitaba ser una de ellas de verdad, y no una imaginaria. Necesitaba sentir la abundancia, sin mentir sobre ella, para que esta se derramara sobre mí. Sin pensar en las reglas de la atracción, solo para poder dormir por la noche.

Era así de simple. Necesitaba dejar de usar toda la energía de mi cerebro para imaginar posibles futuros. La mente necesita mucho combustible para mantener las mentiras. Es mejor usarlo para ser feliz y bueno ahora, que crear ansiedades y remordimientos para el futuro.

—Me he enterado de que tuviste un infarto o un colapso nervioso hace unos años —empezó la CEO—. Eso es lo que todos me han dicho.

No podía creer lo que oía. Acababa de vivir los años más exitosos en mi vida, pero la gente que me conocía, la que no podía ver en mi interior, pensaba que había tenido un colapso nervioso cuando cayó la fachada que llevaba. Había vivido sepultado en mentiras, ahora ya no.

—No —respondí—, estoy más sano que nunca.

—Pero todos aseguran que tuviste un colapso nervioso —insistió ella.

Tal vez lo tuve, pero ya no estaba nervioso, ni en bancarrota, ni deprimido.

Nunca más.

EJERCICIO
RECONOCER NUESTRA SOMBRA

Una de las mejores maneras de entrar en contacto con nuestro verdadero ser es darnos cuenta de las cosas que nos disgustan enormemente en los demás.

Cuando tengamos un momento para reflexionar, sentémonos y respiremos profundamente para limpiar nuestro interior. Luego, pensemos en alguien que nos disgusta y escribamos las características que él o ella tiene que nos repelen. Por ejemplo, excesivo moralismo, descuido o agresividad pasiva.

Estas características están también dentro de nosotros. Es una parte que tal vez no nos gusta mirar.

Haciendo esto podemos ser conscientes de cuando proyectamos estas características sobre los demás. La próxima vez que nos veamos a nosotros mismos criticando a alguien por algo que ha dicho o hecho, si sentimos que hay algo que no está bien, debemos reconocer que hay una proyección nuestra ahí. También podemos darle vueltas a la cuestión y preguntarnos «¿Dónde soy yo así?».

Esto es increíblemente poderoso y nos resulta útil para centrarnos. El hecho de saber que somos humanos nos ayuda a poner los pies en la tierra y reconocer que estas cosas que tanto negamos las compartimos con los demás.

Al observar otras partes que mantenemos en la oscuridad tendremos acceso al poder, porque nos coloca en una posición de apertura con respecto a nosotros y a los demás.

5

El No a la escasez

«Tenemos derecho a decir No al complejo
de escasez...»

JAMES: El poder del alquimista no está en transformar polvo en oro. Se trata de una metáfora para mostrar la fuerza de la mente que está detrás del milagro.

El verdadero milagro es lo que sucede cuando, a pesar de la desesperación, de las heridas, de la derrota y de la bancarrota, todavía podemos cambiar nuestra percepción de la escasez a la abundancia.

Tenemos los pies en el suelo, sabemos dónde estamos, pero también confiamos en la fuerza infinita que nos mantiene vivos ahora mismo. Sabemos que ahora gozamos de la abundancia porque estamos aquí. ¿No es eso un milagro?

Es bueno ser espiritual. Es bueno buscar la iluminación, pero afrontémoslo: tenemos que pagar las facturas. Y en muchos casos, también debemos hacer lo mismo con nuestros hijos durante algún tiempo. A lo largo de ese camino podemos sentirnos asustados. Nos dará miedo quedarnos sin un céntimo. Temeremos perder nuestro nivel de vida. ¿Cómo alimentaremos a nuestros hijos? ¿Y nosotros?

Nuestros cerebros quieren que pensemos que los recursos del universo son escasos. Durante cuatrocientos mil años aquellos de los que disponía la raza humana eran escasos: teníamos que cazar y recolectar. Pero desde hace relativamente poco tiempo hemos sido bendecidos con poder dar un paso más allá de esa mentalidad. Esta fase de nuestra evolución se centra en la abundancia y no en la escasez.

Ignorar esto para permanecer en la escasez es rechazar la fase de la evolución en la que realmente estamos.

Como todo lo que hacemos en la vida, el cambio hacia la abundancia requiere práctica, porque tiene ciertas dificultades. Pero es una simple transformación. En lugar de centrar nuestra percepción en lo que es insuficiente en nuestra vida, trataremos de ser conscientes de cuándo la escasez nos pellizca el corazón. Tal vez sintamos una opresión en el pecho. Tal vez nos provoque una migraña o se nos revuelva el estómago.

Es posible que sintamos ansiedad sobre un futuro distante en el que nuestras necesidades no estén satisfechas. Tal vez tengamos miedo de no ser lo suficientemente buenos para evitar esta situación.

En este punto podemos convertirnos en alquimistas al sentir el nerviosismo y dar gracias a pesar de todo. La gente suele decir que debemos ser agradecidos. Es casi un cliché, pero estos existen por una razón: contienen las semillas de la verdad.

Así que intentémoslo. Demos gracias ahora. Agradezcamos las cosas con las que hemos sido bendecidos. Demos gracias por nuestra abundancia. Puede ser tan básico como dar gracias por la gente a la que queremos y de la que recibimos cariño. O puede ser muy mundano: estamos en un atasco, muy enfadados: demos gracias, entonces, por la gran abundancia de coches que hay delante y detrás de nosotros.

La alquimia se produce cuando practicamos una y otra vez; cuando nos damos cuenta de los acontecimientos que apuntan hacia el destino en nuestro mundo físico (perdimos el trabajo) y cuando somos conscientes de nuestros sentimientos (abrimos nuestros corazones) y no los evitamos, pero tampoco dejamos que nos ahoguen. Los vemos de manera neutral, incluso los invitamos a tomar el té porque sabemos que una resolución está en camino.

Sabemos que nuestro cerebro trata de buscar nuestro mayor beneficio. Buen cerebro, pero también debemos decírselo con toda amabilidad: «No, cerebro».

La realidad es que nuestras vidas siempre son abundantes, sin importar cómo se vea el pasado y el futuro. Estos son sueños, fantasías. La abundancia está aquí y ahora.

Cuando yo (Claudia) regresé de mi entrenamiento profesional de yoga en Tailandia en marzo de 2009, me despidieron de un trabajo en el que llevaba diez años. Tenía una hipoteca, un coche comprado a plazos, una deuda de casi treinta mil dólares y nada ahorrado.

La estructura corporativa me estaba echando hacia la noche oscura, y hacía frío. Literalmente no sabía dónde iba a dormir dentro de treinta días. Tal vez porque acababa de llegar de un programa intensivo de respiración profunda, yoga y meditación diaria contaba con la preparación necesaria, y aunque estaba asustada, pude mantenerme consciente de mis sentimientos, conservar una actitud positiva y aceptar que lo que estaba sucediendo era lo que precisamente necesitaba.

Y lo fue.

Esto no significa que no sintamos pánico ante las dificultades. Tal vez tengamos algunos momentos, días, meses o incluso años de desorientación. Es natural. Si no sintiéramos nada, probablemente nos volveríamos locos. Permitirnos vivir nuestros sentimientos no es fácil.

Es difícil no sentir rechazo al sufrir una traición, una injusticia o acciones deshonestas, especialmente cuando decidimos ser alquimistas y (a) reconocer nuestra parte de culpa en el problema y (b) establecer los nuevos límites que las circunstancias requieren. Esta es la marca de un verdadero guerrero. Esto es lo que significa el honor. Esto es apropiarnos de nuestras elecciones y nuestra vida.

Tal y como aprendí con la postura del guerrero en yoga, permaneceremos fuertes y en equilibrio frente al desafío, y aun cuando sintamos que nos duelen los tendones, en lugar de quejarnos, respiraremos profundamente, adaptaremos los músculos y haremos lo que sea necesario para mantener la postura. Por supuesto, haremos esto dentro de nuestros propios límites (sin forzar, para evitar daños). Pero, aun así, trabajaremos buscando el complicado punto medio, nuestro límite, dejando que el aire circule.

La oración de la serenidad que millones de personas recitan a diario se aplica también aquí. Repitámosla en voz alta a ver cómo nos sentimos: «Dios, dame la serenidad para aceptar las cosas que no puedo cambiar, el valor para cambiar aquello que puedo y la sabiduría para conocer la diferencia».

EJERCICIO
LA LEY INVERSA DE LA ATRACCIÓN

Ya hemos hablado de la ley de la atracción. Hay muchos libros, vídeos, seminarios, gurús, astronautas, extraterrestres, ángeles y dioses que hablan de sus milagros.

Juguemos a algo diferente durante unos segundos.

Cada vez que hacemos algún acto de bondad sin esperar nada a cambio, Dios derrama una lágrima de felicidad. Así que intentemos esto:

- La palabra es lo bastante buena para expresar cualquier cosa. La ley de la atracción, como se asegura en muchos textos, trabajará para nosotros.
- Cada día tenemos derecho a nuestra cuota de milagros. De hecho, si tenemos fe en el universo, sucederán cada día. Coincidencias inesperadas. Un río fluirá generosamente en el océano si navegamos en él.
- Repitamos: dedico los milagros de hoy a todos los demás. No quiero ninguno, pero espero que los demás se beneficien de ellos.
- Visualicemos a toda la gente de nuestro alrededor disfrutando de los milagros que estaban destinados

a nosotros, por lo que ahora viven más saludables, con más dinero y con más sabiduría en su vida gracias a estos milagros.

- Sonreiremos, porque sabemos que la verdad que hemos cultivado ha liberado a los demás.
- Comenzaremos el día sabiendo que somos portadores secretos de milagros.

Visto desde esta manera, los milagros fluyen a través de nosotros y reconoceremos las bendiciones infinitas a nuestro alrededor.

Hoy Dios derrama una lágrima y nosotros navegamos en ella. Disfrutémoslo.

Cómo liberarse

JAMES: Me sentía atrapado en un trabajo corporativo. Tenía un cubículo y luces fluorescentes. Mi jefe podía hacerme llorar. Jugaba al ajedrez por internet todo el día. Hacía descansos para tomar café a las nueve de la mañana, a las once, a las dos de la tarde y a las cuatro. No fumaba, pero quería disfrutar de los descansos para fumar con «los muchachos», así que cogí un paquete de regaliz y bajé las escaleras fingiendo que lo hacía mientras me comía los dulces.

Por la mañana no podía levantarme de la cama. La luz ya

brillaba en el exterior. Siete de la mañana, ocho, nueve. «Aquí tienes un café.» Diez de la mañana. Al final me caí al suelo: estaba asqueroso, todo lleno de pelos de perro y de gato. Llegué tres horas tarde al trabajo. Durante muchos días. Estaba literalmente A.T.R.A.P.A.D.O.

No puedo decir que tuviera quejas concretas. Me llevaba bien con mis compañeros y tenía pocas responsabilidades. Los veranos, cuando todos se iban de vacaciones, los pasaba con facilidad. Así que ¿cuál era mi problema?

No había ninguno.

Mucha gente se siente atrapada. Lo sé porque recibo muchos correos electrónicos que empiezan con «Estoy atrapado». No les gusta el lugar en el que están, pero no saben cómo salir de allí. No saben cómo sacudirse la situación. Una vez, un amigo (que se doctoró a los quince años, así que todo lo que me dijo sobre ciencia lo asumí como verdad) me contó que BIC fabrica sus encendedores poniendo todas las partes en una máquina; esta se sacude hasta que de alguna manera encajan en su lugar y los encendedores comienzan a salir de la máquina.

No sé si esto es cierto, pero me encanta la idea.

Así que ¿cómo podemos liberarnos? Pondremos todas las partes en una máquina. Comenzaremos a sacudirnos. No pasa nada por estar atrapados; nadie va a culparnos por ello. Pero cada vez vamos a ser menos y menos felices. Luego, para que podamos liberarnos, van a pasar cosas que no pensábamos que sucederían. Tal vez tengamos un romance que lo va a complicar todo. Tal vez robemos algo de la oficina. Tal vez hagamos menos cosas en el trabajo porque sabemos, por el tiempo que llevamos ahí, que podemos dejar cosas de lado. Podemos empezar a cotillear sobre otras personas. Hemos empezado el arduo proceso de las puñaladas traperas para salir del mundo que nos ha engañado haciendo que pensemos que esa es la manera de liberarse.

Pero no lo es.

Aquí hay una guía de nueve pasos para liberarse:

1. Hacer una lista de nuestra rutina, sin dejar ningún detalle fuera. Estar atrapado significa que la rutina es demasiado rígida. Aquí está parte de la mía: despertarse, lavarse los dientes, esperar el frío metro, subir al metro, tomar un café con un donut, leer los correos electrónicos, leer otras cosas en la web, jugar una partida de ajedrez, hacer una lista de cosas pendientes, empezar a programar…, coquetear…, cotillear…, almuerzo…, pausa para el café…, pausa para el ajedrez…, cena…, jugar al billar, etc. Tenía escritas al menos cincuenta cosas en la lista de mi rutina. A ver si algún lector puede llegar a sesenta.

2. Cambiar algo en la rutina. No hay que complicarse demasiado. Una sola cosa. No ir directo al trabajo. Ir a la biblioteca. O levantarse una hora antes y leer un libro. O correr alrededor de la manzana, aunque nunca antes hayamos salido a correr. O no leer los correos electrónicos esta mañana. O dejar de cotillear. O comer con personas diferentes al mediodía. En poco tiempo, ¿cuántas cosas de nuestra rutina podemos cambiar?

¿La mitad? ¿Todas? Aceptemos el desafío de hacer un cambio cada día. Rompamos un récord. Rompamos mi récord.

3. Al final del día, hacer una lista de cosas que hemos hecho. Esta es mucho mejor que el instrumento estándar para medir la productividad: la lista de cosas que debemos hacer. Esta última implica mucho estrés. Nos sentimos muy mal si no logramos hacerlas todas.

   En lugar de eso, en la lista de cosas que hemos hecho podemos usar la magia de la visión retrospectiva para mejorar nuestra vida ahora. En otras palabras: «¡Mira esto! De verdad he hecho todas estas cosas». El orgullo es algo estupendo al final del día. Y la lista tomará vida propia. Será casi como la escritura automática. Nos sorprenderán todas las cosas que hemos hecho. Tal vez las habíamos olvidado, pero nuestras manos hacen que las recordemos.

   Y aquí están. En el cuaderno de notas, en la lista, escritas con una pluma por nuestra mano.

   Felicidades.

4. Encontrar algo que nos apasionara cuando éramos niños; investiguemos durante una hora lo que se ha hecho en ese campo desde entonces. Por ejemplo, a mí me encantaba Jacques Cousteau. Escribió una serie de libros de lo que ocurría bajo el agua. ¿Qué fue de él? No podría decir ahora mismo si está muerto o manchado por algún escándalo sexual. ¿Por qué debemos hacer esto? Porque hemos sido niños durante dieciocho años. Hay

probablemente muchas cosas que nos apasionan, no importa que sea algo tan tonto como una serie de dibujos animados. Cada cosa que averigüemos es algo nuevo que podemos aprender. Y todavía podemos descubrir cosas que nos apasionen.

5. La red. Cada día podemos encontrar una nueva persona con la que estar en contacto. Una vieja amiga del instituto. Alguien con quien hablamos al azar en el metro o en el ascensor. Almorcemos con esa persona y preguntémosle cosas de su vida. Como en una entrevista. Necesitamos saber en qué difieren sus rutinas de las nuestras. Tal vez alguien nos proporcione una idea de algo que no habíamos pensado. Todos tenemos miedo de romper nuestras rutinas. Yo también. Recientemente acepté salir en los medios solo porque tenía miedo de que, si me negaba, dejaría de gustarle a la gente con la que estaba. Contactemos con una nueva persona, corramos el riesgo y cambiemos algo.

6. Crear. Sé por los correos electrónicos que recibo que mucha gente preferiría crear algo antes que ser parte de una rutina robótica. ¿Cómo podemos crear si no tenemos tiempo o si nunca lo hemos hecho antes? ¡Muy sencillo! No hay que preocuparse por ninguna de estas cosas. Podemos escribir un poema de cuatro líneas mientras vamos en el metro. O comprar unas acuarelas y pintar con los dedos durante diez minutos antes de irnos a dormir, en lugar de escribir la lista de cosas por hacer o ya hechas. Crearemos una lista de cosas que nos

hubiera gustado hacer hoy. Incluso podemos inventar situaciones, como «ser abducido por un ovni», o «quiero ir a Andrómeda y estar en casa de vuelta para cenar». Se trata de tu lista de deseos para el día que acaba de terminar. Podemos desear cualquier cosa, también las que nunca han sucedido. Lo importante es inventar, crear.

7. La Práctica Diaria. Esta es la razón por la que la Práctica Diaria que he recomendado antes funciona. Está diseñada para ayudarnos a encontrar la salud al ocuparnos cada día del bienestar físico, emocional, mental y espiritual. Es mi creencia personal sobre cómo funciona el universo. No hay que asumirlo, pero sé que a mí me va bien.

Creo firmemente que tenemos cuatro cuerpos y que la mayor parte del tiempo descuidamos por lo menos a dos o tres de ellos, tal vez a los cuatro.

Si descuidamos el cuerpo físico podemos empezar a tener problemas estomacales o enfermar con más frecuencia. En algunos casos se puede morir más joven, o por lo menos tener una vida más dolorosa y no demasiado placentera. Por supuesto, si descuidamos el cuerpo emocional se puede caer en la depresión o convertirnos en unos resentidos malhumorados.

Descuidar el cuerpo mental puede hacer que seamos menos agudos, menos creativos y más negativos hacia las cosas que no podemos controlar.

Y si descuidamos el cuerpo espiritual, podemos caer en el complejo de escasez, la creencia de que no merecemos nada o de que la abundancia nunca llegará.

Es incluso peor que eso. En el cuerpo físico (en los cuatro cuerpos, de hecho) hay sangre que lo conecta todo. Si esta no funciona, el oxígeno no llega a las diferentes partes del cuerpo. Entonces hay que respirar más rápido o de manera más irregular; y si el oxígeno no llega al corazón o a la cabeza, podemos sufrir un infarto o una apoplejía. Si el oxígeno no llega a las células adecuadamente, podemos llegar a padecer cáncer.

En cada uno de nuestros cuerpos tenemos «sangre» que hace que todo funcione bien. No solo eso: hay sangre que conecta los cuatro cuerpos. Si no están en sincronía, el torrente sanguíneo comienza a tener problemas.

Conozco a personas a quienes no les importa la idea de los cuatro cuerpos. Me dicen: «Me encanta lo del músculo de las ideas» o «Me gusta tu manera de pensar, pero no soy demasiado espiritual». Esta es una manera limitada de ver las cosas, es como decir «Solo necesito ejercitar las piernas porque quiero verme bien».

Necesitamos una visión completa de nuestra salud, lo que incluye los cuatro cuerpos.

Si los cuatro cuerpos no están en armonía unos con otros, comienzan a desarticularse. Empezamos a dejar que la gente abusiva entre en nuestra vida. O no podemos llevar a cabo las buenas ideas. O enfermamos.

A muchas personas no les gustan algunas palabras como «espiritual». Pueden llamarlo de otra manera, por ejemplo, «gratitud». O «el cuerpo compasivo». «El cuerpo del misterio.» No importan las palabras.

Para mí, esto es lo que funciona. No puedo salir de una rutina, de cualquiera, si no sigo este consejo. Sé que a mí me funciona. Y sé que también lo hace en la gente que me ha oído hablar de esto antes. He recibido más de mil correos electrónicos sobre cómo ha cambiado las vidas de las personas. No digo esto porque trate de vender nada, sino porque funciona.

8. ¿De qué tenemos miedo? Nunca volveré a tener un trabajo tan bueno como este. Voy a fracasar como emprendedor. Me quedaré sin dinero y tendré que mudarme. No conozco a ninguna persona rica que pueda ayudarme, etc. Hay miles de excusas para no romper con la rutina, muchas de ellas basadas en el miedo, pero podemos romperla al ser conscientes de nuestros temores.

A veces una rutina es una persona. Me despierto y lo primero que pienso es si me habrá escrito. Son las once… ¿me ha llamado? ¿Me quiso ayer? ¿Cómo es que todavía no ha hecho planes conmigo para este fin de semana? Dijo que iba a venir hoy a las siete, pero ya son las ocho y ni siquiera ha llamado… Tal vez esta rutina es particular de mi caso. Pero debemos preguntarnos de qué tenemos miedo. ¿Qué hay en mi pasado que me hace seguir una rutina como esta? Un padre o una madre que me dijo que era feo de pequeño. Experiencias de otras mujeres que me han engañado (dijo a las siete y son las ocho). Podemos temer algo como «nunca voy a volver a conocer a una mujer como ella» (algo que se dice frecuentemente pero que no es cierto). Miedo a estar solo.

Hagamos una lista de las excusas del miedo. Luego pensemos en lo contrario. Por ejemplo, siempre conozco a una chica después de seis meses de una gran ruptura, así que es probable que encuentre a otra. O nunca he tenido que vivir en un refugio para indigentes, así que es probable que tampoco me pase ahora.

Podemos decir «¡De verdad quiero estar con esta chica!» o «¡Puedo quedarme sin un céntimo!». Está bien. Pensemos en lo opuesto.

Dije que explicaría nueve puntos, pero en realidad he dado ocho. He roto con mi rutina. Pero está bien. Oh, espera, hay una novena: lee este capítulo otra vez mañana.

Finalmente salí de la cama y le dije a mi jefe que dimitía. Él me pidió que esperara hasta que volviera de vacaciones dentro de tres semanas. Yo me negué y le envié mi dimisión. Con el tiempo dejé de llamar a «la chica», cuando entendí que no le gustaba. Con el tiempo dejé de cotillear sobre la gente que me odiaba. Nunca llegué a vivir en un refugio para indigentes, a pesar de eso me daba mucho miedo.

Me despertaba a las siete y me quedaba en la cama hasta las diez. El sol entraba y llenaba la habitación cuando todo el mundo estaba ocupado con su rutina y yo tenía demasiado miedo para moverme. A veces todavía me siento así.

Pero el sol tiene una manera de hacer que las plantas florezcan, lo quieran o no.

EJERCICIO
CÓMO ROMPER LAS RUTINAS

1. Ser conscientes de las excusas que nos decimos a nosotros mismos para continuar con las viejas rutinas.

2. Pensar en por qué existen. ¿De qué momento de nuestra vida proceden? ¿Qué miedo representan?

3. ¿Qué es lo contrario de este miedo? De verdad tuve que decirme a mí mismo: «Voy a conocer a una mujer de la que me voy a enamorar cuando deje esta relación». Tuve que repetírmelo una y otra vez. Si no lo hubiera hecho, nunca habría dejado esa relación. Nunca habría conocido a la persona adecuada (mi coautora). Si no lo decimos, no lo creeremos.

4. No solo hay que decirlo; hay que verlo. Tumbados, pongamos las manos en los costados. Respiremos profundamente diez veces y visualicemos lo contrario a nuestros miedos. En mi caso era encontrar a la persona adecuada. Hay que sentirlo como si fuera real.

Así es como llegué a liberarme.
Lo repetiremos cada día si es necesario.

Decir No a la mala suerte

JAMES: ¿Alguna vez decimos «Me gustaría tener más suerte»? Por ejemplo, si hubiéramos estado en el lugar apropiado en el momento adecuado, podríamos haber conocido a esa persona especial. O si hubiéramos sido el compañero de cuarto de Mark Zuckerberg en Harvard, ahora seríamos multimillonarios.

Tal vez no queramos serlo, pero si no nos hubiéramos puesto enfermos antes de esa audición…

Y tantas otras cosas.

Tenemos un romance con la suerte.

A veces la perseguimos. A veces nos engaña. A veces la atrapamos durante un momento. A veces, cuando esperamos un beso, se va con la lluvia y nos quedamos solos y asustados.

Entre los ajedrecistas (y los jugadores de póker, y en Wall Street y en la calle), hay un dicho: «Solo los buenos jugadores tienen suerte».

¿Por qué lo dicen? Porque la gente que piensa que está gafada con la mala suerte repite muchas veces: «Solo has ganado porque tienes suerte».

Es una cosa horrible tener suerte en ese punto, aunque insistan en que no es verdad.

La gente que utiliza la suerte como una acusación nunca la tendrá. Nosotros sí.

La suerte es algo que nos ganamos. En cuanto la tenemos, siempre sabremos cómo hacer que regrese. Le podremos decir No a la gente que intenta rebajarnos o que utiliza su mala suerte para controlarnos porque no puede estar a nuestra altura.

La suerte es la clave de la libertad. Pero no es magia.

La suerte es igual a (1) diversificación más (2) persistencia.

La diversificación significa tener mil ideas e implementar únicamente el pequeño porcentaje que nos parezca razonable.

La persistencia es una frase llena de fracasos, con algunos puntos y comas de éxitos ocasionales.

Poder tener miles de ideas requiere contar con la energía y la creatividad para practicar una lluvia de ideas.

La energía es salud física más la emocional más la mental más la espiritual.

Todas las formas de salud dependen del dominio que ejercemos sobre nuestra propia vida, dividido entre lo que la gente nos controla a nosotros.

Uf, no soy bueno con las fracciones, pero si mucha gente nos controla, entonces va a ser más difícil tener salud, lo que lleva a tener menos y menos energía, lo que significa sacrificar algunas ideas, lo que conduce a una menor diversificación.

Cuando respondemos a un comentario desagradable, la persona que lo hizo nos controla. La ira me domina. Entonces paso menos tiempo con buena salud.

Si estoy en una relación infeliz, pero tengo miedo de las consecuencias de la ruptura, el miedo me controla.

Si me paso el día imaginando conversaciones con mi jefe, con mi hermana, con un colega o con otra persona, me están controlando de alguna manera. En realidad, sus problemas no tienen nada que ver conmigo.

Si dejo que me controlen, o si trato de dominarlos, voy a

sacrificar mi salud. Entonces no puedo generar ideas. Si persisto en lo anterior, pierdo la suerte y la libertad.

Cada vez, sin excepciones. Prefiero estar saludable a tener razón.

Aprender a escuchar con el corazón abierto

Cuando hablamos con otras personas, los silencios son buenos. Las pausas pueden significar amor. Queremos escuchar, estamos interesados y nos importa.

Cuando apresuramos las palabras significa que tenemos miedo. Muestra poca habilidad para prestar atención y estar presente. Refleja que no queremos que nadie entre, que queremos llenar los silencios y que creemos que sabemos más.

Los silencios incómodos pueden ser buenos. Contienen la oportunidad para que sucedan cosas nuevas; ofrecen un espacio amortiguador de tiempo para que los guiones preestablecidos que llenan nuestra mente se disuelvan y dejen espacio a algo nuevo.

Nosotros (Claudia y James) adoramos los silencios; a veces nos sentimos incómodos, pero los respetamos de todos modos. Hay momentos de vulnerabilidad que nos dicen si podemos estar en paz con la persona que se encuentra frente a nosotros, incluso en la ausencia de palabras.

Vivimos en una sociedad que habla demasiado; un silencio puede ofrecer un agradable aliento de aire fresco.

No perdemos nada por intentarlo. Durante las próximas

veinticuatro horas intentaremos prestar total atención a todas las personas que encontremos, sobre todo a la cajera del supermercado, al encargado de la tintorería, a la gente del ascensor o la del autobús. Seamos solo una silenciosa presencia para los demás.

EJERCICIO
DECIR NO A LAS PALABRAS INNECESARIAS

Una persona media pronuncia unas dos mil quinientas palabras al día. Hoy intentaremos decir mil doscientas. Todavía son muchas. Podemos regalarnos un merecido día de descanso al practicar estas técnicas, siempre que las recordemos:

- Cuando alguien está hablando, dejaremos que termine.
- No diremos «vale» en mitad de la frase.
- No asentiremos con la cabeza.
- Cuando alguien termine de hablar, respiraremos.
- Contaremos hasta dos antes de responder.
- Reconozcamos que la verdadera comunicación no tiene lugar en las palabras, sino en los silencios entre ellas.

6

El No al ruido

«Tenemos derecho al silencio y a permanecer
totalmente presentes, aquí y ahora...»

Muchas veces, al encender la radio encontramos estática entre las emisoras. ¿De dónde viene? Es la misma que aparecía en un viejo televisor cuando sintonizábamos los canales.

Se trata de una energía que impregna el universo, un residuo del Big Bang.

No es broma, esa estática ha tardado trece mil millones de años en llegar aquí y ahora podemos escucharla. Pero cuando sintonizamos bien la emisora, la estática se va.

El ruido bombardea nuestra vida, y ese es el desagradable ruido original del universo. Es el de la negatividad, de las noticias que intentan extender el miedo, de personas quejándose de trabajos penosos y de los dolores de la vida; es el ruido del chismorreo, de la manipulación y de la agresión.

Todos queremos sintonizar la frecuencia adecuada, en la que tengamos tanto el poder de escuchar la música como de interpretar la que nos rodea; así podremos convertirnos en nuestros propios faros y nuestras propias orquestas.

Pero solo se puede hacer esto cuando hemos aprendido a bloquear el ruido.

EJERCICIO

IDENTIFICAR EL RUIDO

Comenzaremos por identificar la estática o, lo que es lo mismo, los sonidos negativos que hay a nuestro alrededor:

- Las noticias que pretenden asustarnos.
- Los cotilleos.
- Gente que nos rebaja a nosotros o a los demás.
- Pensamientos negativos de preocupación o de remordimiento.
- El miedo y la ansiedad sobre el futuro.
- Pensamientos de ira.

En este ejercicio no necesitamos actuar con respecto a nada. A veces es muy difícil prestar atención a las cosas que hacemos que pueden dañarnos, pero si reconocemos el ruido, es un buen primer paso.

Nuestro propósito... ahora

JAMES: El objetivo no es eliminar el ruido. Eso es tan imposible como acabar con la estática que llega hasta nosotros desde que el Big Bang creó el universo. Es un ruido de fondo que siempre está presente.

Ser consciente del ruido y de sus poderes destructivos nos ayudará a transformarlos en una fuerza igualmente poderosa en nuestra vida.

Elegimos qué información dejamos entrar y cómo debemos comunicarnos. Usamos las palabras con cuidado cuando somos conscientes de su poder, ya que no hay duda de que tienen el poder de lanzar hechizos.

Nos damos cuenta de que hay un plan divino para cada uno de nosotros si estamos dispuestos a escuchar.

Nota: esto no significa que tengamos que esperar a escuchar una voz contundente que diga: «¡Moisés, libera a los esclavos!». Si es así, nos quedaremos muchas noches sin dormir esperando oírla.

No es que no tengamos un objetivo vital o un propósito, aunque también poseemos un propósito ahora mismo: simplemente eliminar el ruido para que podamos escuchar los susurros divinos. El poder superior que está detrás de nosotros y cuya presencia sentimos en el cuarto No (y tal vez mucho antes) quiere estar en contacto con nosotros todos los días. Y solo puede encontrarse en un lugar: el silencio.

Desde el silencio podemos movernos hacia una existencia de alta frecuencia, una que podamos vivir como si se tratara de una plegaria. Podemos llevar una vida que sirva de ejemplo, que muestre las cosas y no solo las cuente o las prometa. Vidas que suman en lugar de restar.

Así nos transformamos en el cambio que queremos ver en el mundo, como diría Gandhi, un gran oyente.

Una historia: una mujer vino a ver a Gandhi y le pidió que hablara con su hijo para recomendarle que dejara de tomar azúcar. Él aceptó hacerlo la semana siguiente, así que esperaba que ella trajera al niño siete días más tarde.

La mujer, que se veía obligada a recorrer un largo camino por segunda vez y sin razón aparente, preguntó por qué no la citaba antes. ¿Por qué tenía que regresar? Gandhi le respondió que para poder pedirle a cualquiera hacer semejante cosa, primero necesitaba él mismo dejar de tomar azúcar.

Quería asegurarse de que su palabra fuera pura y verdadera, de que estaba en la frecuencia adecuada y no solo emitiendo el ruido que proyectan muchos gurús con objetivos e ideas en conflicto. ¿Qué tal este cambio?

EJERCICIO
CAMBIAR DE CONVERSACIÓN

Empezamos a escuchar el ruido a nuestro alrededor. Ahora, cuando lo notemos, cambiaremos de conversación. Si hay malas noticias en la televisión, la apagaremos.

Si alguien está contando cotilleos, nos alejaremos o hablaremos de otra cosa.

Si los pensamientos negativos de nuestra cabeza comienzan a ser susurros de remordimiento, de ansiedad o de preocupación, los detendremos inmediatamente y los reemplazaremos por pensamientos de gratitud y abundancia.

La preocupación nunca ha resuelto un problema del futuro, pero siempre roba la energía del día de hoy.

El poder de cambiar una conversación no tiene que ver solo con dos personas comunicándose, sino con el murmullo del planeta, que siempre está hablando y transmite preocupaciones, llenas de pena y ansiedad.

Si logramos seguir sistemáticamente los siguientes cuatro pasos, desarrollaremos los poderes que pueden cambiarlo.

1. Saber cuándo sentimos dolor o estamos negativos, ansiosos, preocupados, arrepentidos, enojados o asustados. Podemos sentir todas esas cosas en la cabeza y en el cuerpo. Tal vez nos duela el pecho, el estómago o la espalda.

2. Nos preguntaremos a nosotros mismos: «¿Por qué? ¿Qué es lo que está creando el dolor? ¿Estoy preocupado por acontecimientos sobre los que no tengo control? ¿Estoy preocupado por un futuro que tal vez nunca suceda? ¿Me siento mal por algo que dije hace diez años?». No podemos cambiar estas cosas, pero sí identificarlas.

3. Detengámonos. Si eso puede ayudar, miraremos a nuestro alrededor y nos sentiremos agradecidos por la belleza de nuestra vida. Agradeceremos cualquier cosa buena que esté pasando ahora en nuestra vida o en el mundo.

4. Dar un paso atrás. Este mismo día, en este preciso segundo, ¿estamos fomentando nuestra salud de las siguientes maneras?

Física: haciendo lo máximo posible para apoyar la salud física.

Emocional: estando con la gente que amamos o que nos inspira.

Mental: expresando gratitud. Reconociendo que no podemos controlar todo en el mundo.

Al cambiar de conversación transformamos nuestra vida, lo que significa que también modificaremos la vida de la gente que nos rodea; podemos incluso cambiar el universo entero. Esto atrae abundancia y éxito en la vida, conforme se transforma el universo al escuchar nuestras palabras.

Hablemos en voz baja, porque llevamos un poderoso bastón con nosotros.

El secreto final para aumentar las vibraciones

CLAUDIA: Me decía a mí misma que necesitaba sentarme durante un par de horas. Era un día muy intenso: tenía una entrevista radiofónica por la noche y debía entregar un libro. Y, sin embargo, ¿el mensaje que recibía sobre mi hora diaria de silencio era que debía convertirla en dos horas?

Lo hice. Era lo que necesitaba.

Todos los días me quedo sentada en silencio. Casi nunca dejo de hacerlo. Las únicas veces que no puedo es cuando estoy de viaje y dando charlas, o las exigencias a las que someto a mi sistema nervioso son ya muy grandes. Esos días escucho durante una hora una cinta de relajación.

Esta práctica empezó en un mes de abril de hace unos años, cuando caí en una espiral depresiva que afectó a mi cuerpo, mi mente y mi espíritu. Me sentía enfadada y confundida.

Al final de la primavera, el fuego de la cólera de mi estómago dio un viraje extremo y fui yo la que ardió.

Cuando se interioriza la ira, esta se convierte en una depresión. Tanto esta como la ira son el reflejo de las necesidades de un alma solitaria.

Visitamos a un experto en medicina oriental de Nueva York. Me tomó el pulso, me miró la lengua y me prescribió hierbas que fortalecerían mi energía y alegrarían mi corazón. Lo que me sorprendió fue comprobar cómo el médico me involucró en un proceso directo y permanente de sanación. No se trataba de tomar una pastilla y dejarle a ella la responsabilidad de la curación; se trataba de ser dueña de mi salud.

Entonces me dijo:

—Claudia, necesitas sentarte en silencio durante una hora cada día.

¡En silencio! ¿Este era su consejo para mí? ¿Este supuesto yogui? Pero si estaba hablando con alguien que había soportado no uno, sino dos cursos de meditación de diez horas diarias, además de una serie de retiros de meditación, incluido un intento (fallido) de una semana de soledad total en una cabaña en el bosque. Mi ego estaba en negación absoluta: yo no quería esto.

—¿Puedo hacer treinta minutos por la mañana y treinta por la noche? —le pregunté.

—¡No! —respondió tajante—. Simplemente siéntate durante una hora. Seguida. Cada día. Permanece en silencio y deja que se vayan tus pensamientos. Hazlo.

No estaba segura de poder hacerlo. Había probado este tipo de prácticas muchas veces después del ímpetu de los retiros, y siempre terminaba dándome por vencida. Había leído los mejores libros sobre yoga y no me estaba funcionando. Pero, admitámoslo, la realidad era que no tenía ganas de hacerlo.

Él se dio cuenta de lo que estaba pensando, porque añadió: «Tengo otro paciente con cáncer. Le pedí que se sentara en completo silencio durante ocho horas diarias. Le dije que debía hacerlo si quería sanar».

Después de eso me quedé sin argumentos. Tenía que hacerlo.

Entendí que esto no era yoga o meditación, sino algo distinto. El objetivo no era el silencio en sí mismo, ni algo que tenía que lograr. Yo estaba enferma y el silencio era mi medicina. Me quedé sentada, mirándolo con lágrimas en los ojos, llena de dudas y sabiendo que no iba a dejarme ir a menos que llegáramos a un acuerdo. Así que asentí, con la cabeza hacia arriba y hacia abajo. No estaba contenta, pero lo entendía.

Desde entonces me siento en silencio una hora al día. Debemos hacerlo durante el tiempo que queramos, todos los días, porque el silencio realmente ayuda.

Nadie puede enseñarle a nadie a hacer esto. He estado en los confines del mundo y más allá buscando a maestros, a alguien que me enseñara cuál es el buen camino. Esa persona no existe. He asistido a retiros espirituales en América del Sur, Europa, Estados Unidos, Canadá, la India y Tailandia, siempre en la búsqueda espiritual.

He recibido muchas indicaciones, pero todas se resumen en una sola: siéntate en silencio. Deja que suceda, permítete entrar en este momento tal y como eres, en total aceptación. Si aparecen las emociones, déjalas. Luego libéralas. Eso es todo. Cuando liberamos un problema emocional en lugar de dejar que nos envuelva, permitimos que el problema deje de tener poder sobre nosotros.

Por supuesto, cuando me siento no siempre estoy tranquila y reposada; para lograrlo, algunas técnicas y ejercicios pueden ser útiles.

Esas son algunas de esas herramientas, que he tomado prestadas de yoguis que han experimentado durante miles de años cómo permanecer sentado, cómo acallar la mente y cómo sanar al usar la energía de una manera más efectiva.

EJERCICIO
CÓMO ENTRAR EN UN SILENCIO PROFUNDO
Y COSECHAR LOS BENEFICIOS

Conectarse a la tierra: este es un excelente y muy bien guardado secreto que los yoguis usan para centrarse y hacer acopio de su energía a fin de poder sentarse y mantener la mente en calma.

Imaginemos una calle de dos sentidos que sube y baja por nuestra espina dorsal: un carril va hacia el centro de la tierra y el otro sube hacia el universo infinito.

Mientras inspiramos muy despacio y sentimos cómo se nos llena el pecho de aire, nos centraremos de manera inversa en la raíz de nuestro cuerpo, en el área del perineo y, desde ahí, descenderemos hasta el centro de la tierra.

Luego, mientras espiramos, el cuerpo se desinfla y la energía tiende a bajar, visualizaremos cómo florece nuestra energía mental como un loto y se expande hacia el universo atravesando la parte superior de la cabeza.

Al usar la imaginación de manera contraria a la respiración, los yoguis envían energía vital a todas las partes del cuerpo. Esto ayuda a permanecer en el presente, porque mientras más sintamos el cuerpo, más soltamos la mente.

No hay necesidad de repetirlo muchas veces. Con solo algunas respiraciones muy lentas utilizando estas visualizaciones podremos asentar la energía y calmar la mente.

Aceptar lo que hay: antiguos sentimientos reaparecen cuando nos sentamos en silencio. Es una oportunidad para aclararlos y luego dejarlos ir. Démosles la bienvenida: están aquí para que los liberemos. Los observaremos y tendremos la certeza de que no pueden hacernos felices ni miserables durante mucho tiempo. Como todas las olas de la vida, primero suben y luego bajan. Hay que dejarlos ir.

Cuando hacemos esto, cuando observamos cómo unos sentimientos que han estado mucho tiempo almacenados se van, sin que reaccionemos a ellos, pierden su poder sobre nosotros y nos sentimos más libres.

Limpiar los pulmones: esto es algo sencillo. Espiramos y, cuando terminemos, espiraremos todavía más, y luego más y más. Nos encontraremos sin nada de aire. Entonces, nos sentiremos muy bien al inspirar. Disfrutémoslo.

Limpiar el subconsciente: en esos días en que siento y me gustaría darle un sentido práctico a mi silencio, hago este ejercicio que usan los yoguis: pintar un punto negro del tamaño de un tomate en medio de una página en blanco y mirarlo sin parpadear. Esta técnica se conoce como «*trataka*».

Cuando nos empiecen a llorar los ojos, los cerraremos y nos quedaremos con la imagen mental. Este ejercicio limpia todo lo que está dentro del subconsciente. Hay que

188 | EL PODER DEL NO

usarlo con cuidado; puede traer viejos recuerdos. Pero también puede airearlos.

Respetar el proceso: no debemos engancharnos con ningún sentimiento ni con ningún resultado. Al igual que cada copo de nieve es único, también cada proceso es diferente.

Respetaremos todo lo que pase en el tiempo que le dediquemos al silencio.

Ejercicio para «abrillantar cráneos»: esta herramienta es en especial útil en esos días en que la mente simplemente no para. Lo he corroborado, es la técnica más poderosa que los yoguis han elaborado para llevar a la mente de un estado a otro. De la hiperactividad a una actividad más baja y luego al silencio. Y funciona porque modifica de inmediato la manera de respirar.

Lo único importante es hacerlo bien, porque de otra manera podemos hiperventilar el cerebro y marearnos, y no va a funcionar. Esta técnica no se recomienda a gente con la tensión arterial alta, así que en estos casos es mejor consultar con un profesional antes de intentarla.

Este ejercicio también se conoce en los círculos de yoga como «*kapalabhati*», que en sánscrito significa «abrillantar el cráneo».

1. Nos aseguraremos de tener el estómago vacío, que no hayamos comido nada en las últimas cuatro o cinco horas.

2. Nos sentaremos en una posición cómoda, con las piernas cruzadas o en una silla con los dos pies sobre el suelo, No debemos tumbarnos, porque entonces no será efectiva. La postura es importante para esta técnica, así que no está de más dedicar unos momentos a revisarla.

   Ponemos la espalda recta, pero no demasiado. Respetamos nuestro cuerpo.

   Relajamos las caderas.

   Adelantamos ligeramente la pelvis.

   Abrimos el pecho.

   Echamos los hombros hacia atrás, sin forzarlos.

   Relajamos la mandíbula, el paladar y la cara. Es una sensación muy agradable.

   Respiramos hondo y espiramos diciendo «Aaahhh», como un suspiro de alivio.

   Sonreímos internamente.

3. El ejercicio consiste en inspirar hasta la mitad de los pulmones, luego forzar la espiración desde el estómago y repetirlo. No hay que forzar la inspiración, solo la espiración. La inspiración debe ser natural. El error que algunos cometen es forzar las dos cosas. No hay que hacer eso.

4. Trataremos de mover solo el estómago, no los brazos, ni los hombros, ni la cara. Lo haremos suavemente, con una espiración forzada cada vez.

5. Comprobaremos que nuestra cara esté relajada. Hacer muecas es uno de los principales errores que comete la gente.

6. Repetimos. Nos tomaremos nuestro tiempo. Es posible que al principio solo hagamos seis o siete espiraciones forzadas antes de perder el ritmo.

7. Si perdemos el ritmo quiere decir que estamos listos para parar. Es importante tomarse una pausa y tal vez hacer otra ronda de ejercicios cuando sintamos que hemos recobrado la compostura, o esperar hasta la siguiente práctica.

8. Dejaremos que esta práctica vaya acrecentándose a lo largo de los días y los meses, tanto en el número de veces como en la velocidad de las espiraciones. A mí me llevó cuatro semanas de práctica diaria hacer treinta respiraciones *kapalabhati*, pero cada uno es diferente, así que nos tomaremos nuestro tiempo, sin apresurarnos. Con solo unos pocos de estos ejercicios sentiremos el gran efecto calmante en la mente. Si llegamos a más de treinta comprobaremos que tienen un efecto todavía más profundo.

Cuando nos sentemos en silencio y estemos muy distraídos, recordaremos alguno de estos ejercicios y lo intentaremos. Pero lo importante es solo permanecer sentado. Estos son únicamente instrumentos de ayuda, pero no deben practicarse ni aprenderse todos al mismo tiempo.

Si sentimos el impulso, hemos de ser conscientes de que estamos alejándonos de lo importante, que es estar en silencio y quedarse en el presente. Nos tomaremos nuestro tiempo y regresaremos a la quietud.

No somos lo que pensamos

CLAUDIA: Ojalá pudiera estar segura de que no soy mis pensamientos. Muchos de nosotros tenemos grandes heridas en nuestro cuerpo emocional. Y no hablo del melodrama barato, sino de heridas reales y muy profundas. Justo esas que queremos evitar, que fingimos que no eran para tanto o que guardamos en secreto.

El otoño pasado tuve la gran suerte de conocer a Thich Nhat Hanh en Nueva York. Era una noche cálida y un grupo de gente se reunió en una elegante tienda de muebles de Manhattan.

Deepak Chopra presentó a Thich Nhat Hanh como «una persona que encarna la paz». Y nos dimos cuenta de hasta qué punto era cierta esta presentación en cuanto subió al escenario, rodeado de sus monjes y monjas.

Lo primero que nos dijo fue que las monjas y los monjes iban a cantar para nosotros. Esto era algo muy distinto de lo que esperaba, que era más como una conferencia o una charla, pero de alguna manera todo parecía perfectamente razonable en su presencia.

Al principio de la velada, Thich Nhat Hanh dijo que los monjes y monjas iban a conectarse con su dolor interno para llegar a la compasión, y entonces nos cantarían una canción. ¡Qué manera más extraordinaria de acceder a la compasión! Nunca me había dado cuenta, pero cuando siento dolor entonces puedo conectarme con el de los demás.

Entonces, continuó, cantarían otra vez la misma canción, después de haber sentido y haberse conectado a su propio dolor, enviando al público todo el amor maternal que había en ellos.

Esto me hizo sentir un poco incómoda. No sabía si todo el amor que esos monjes y monjas tenían sería demasiado abrumador para una persona sensible como yo. Así que respiré profundamente y me quedé dentro de la experiencia, abierta a cualquier cosa que pudiera suceder.

Cuando cantaron la primera vez, me dolía el corazón de una manera profunda. Recordé la reciente muerte de mi padre, y luego esto se disipó. Y no solo eso: muchas mujeres y hombres estaban llorando igual que yo.

Sentí cómo se estaba construyendo una conexión humana entre la audiencia. Ya no éramos simplemente presentador y público; éramos todos uno, conectados con la humanidad que compartíamos a través de nuestros sistemas nerviosos con sus recuerdos dolorosos, con nuestras mentes, cuerpos y corazones.

Cuando los monjes y monjas comenzaron la segunda ronda de cantos y dirigieron su amor maternal hacia nosotros, toda mi incomodidad por haberme puesto tacones muy altos desapareció. No sé por qué lo había hecho. Tal vez porque pensaba que en todas las reuniones budistas había que sentarse y quitarse los zapatos. Tal vez porque era la semana de la moda y quería sentirme fabulosa.

A pesar de estar de pie con ellos, me sentí inspirada, reconfortada y contenida. Aunque a mi mente el asunto de los zapatos le parecía superficial, mi cuerpo emocional se sentía en verdad inspirado.

Y podía ver la vulnerabilidad de la audiencia y sentir también lo especial del momento.

Algunas personas frente a mí estaban grabando vídeos y haciendo fotos con sus teléfonos, aunque al entrar nos habían pedido que, por favor, no lo hiciéramos. Pero entiendo por qué se comportaban así. Al ver frente a ti una pantalla también pones un velo sobre el sentimiento. Coloca una distancia entre nosotros y lo que está sucediendo, y levanta una barrera de tiempo entre lo que es propiamente experimentarla y lo que es sentirla. Ayuda a evitar llorar y la vergüenza que eso genera. Es un mecanismo de defensa.

Pero muchas otras personas en la sala se quedaron dentro de la experiencia y, al hacerlo, permitieron que sus heridas emocionales subieran a la superficie, para mostrar que estamos dañados, pero que no estamos solos. Todos estábamos heridos. Allí, en aquel espacio, podíamos sentir nuestro dolor común. Eso es la compasión. Thich Nhat Hanh no estaba explicándonos esto: lo estábamos experimentando, viviendo con él en ese momento. Nos lo estaba mostrando.

Mientras continuaba la segunda ronda de cantos, la mayor parte de los que estábamos allí nos permitimos encontrar el extremo del hilo que nos lleva hacia la curación emocional. Teníamos que hacerlo. Es nuestra responsabilidad.

Es muy difícil servir a los demás sin que nuestros cuerpos emocionales estén completos. Si no sanamos nosotros primero, no podemos ayudar a nadie después: duele demasiado. Es más fácil escapar, dejar de mirar, encontrar a otra persona con la que acostarse o tomar otra copa de vino.

Cuando al final los monjes y monjas se retiraron, James y yo recorrimos la exposición de pinturas que Thich Nhat Hanh había preparado especialmente para esa noche. Una se titulaba *Fluir como un río*. En otra ponía *Ningún lodo, ningún loto*. Otra era graciosa y llevaba por título *Ser o no ser ya no es la pregunta*.

Y en la última se leía *Un Buda ya no es suficiente*.

Ojalá fuera como Buda, ojalá supiera que no soy mis pensamientos. Pero el camino para saberlo y para dejar de identificarme con el flujo constante de pensamientos que evitan que vea la realidad empieza por curar mis propias heridas. Debo parar, encontrar una bonita cueva e ir hacia ellas.

Es en el silencio cuando nuestras cuevas interiores se inundan con la luz universal.

Mis heridas profundas me dan suficiente lodo del que, de vez en cuando, puede brotar un loto.

Los beneficios del silencio

JAMES: Mucha gente define el minimalismo como «no necesitar cosas materiales», así que reducen de manera obsesiva la cantidad de cosas en su vida.

No hay nada malo en ello; de hecho, puede incluso hacer que nuestra vida sea más sencilla. Lo importante es tener cuidado con que la definición de minimalismo no conduzca hacia una especie de anorexia material, en la que nos neguemos las pequeñas celebraciones que la vida quiere que hagamos.

Una manera más holística de practicar el minimalismo es cuidar no solo nuestro entorno físico, sino también el «entorno ruidoso» que nos rodea: los ruidos que oímos, los sonidos que salen de nuestra boca, los pensamientos que son más ruidosos que las propias acciones.

El espacio de nuestro interior es enorme. Es infinito. El verdadero minimalismo es un espacio limpio y fresco.

Hay muchos beneficios en esta forma de silencio, que van desde lo material a lo espiritual. De la abundancia a la magia.

- **Profesionalidad.** Esto aparece en todos los sectores. Los médicos no hablan de sus pacientes. Los abogados citan constantemente el privilegio entre un letrado y su cliente. Los psiquiatras no cotillean sobre lo que escuchan en el diván.

  El silencio es una señal de profesionalidad. Incluso lo vemos en las películas: el tosco pistolero que no dice nada de lo que ha visto en su trabajo. El soldado que no quiere hablar de la guerra.

De hecho, sabemos que no debemos preguntarle a un profesional en qué está trabajando o qué ha visto. Forma parte de su mundo, de quien es, de cómo se mueve y se expresa a sí mismo.

Su silencio es la cúspide de la pirámide y su vasta experiencia es lo que queda debajo.

- **Confianza.** Algunas personas confían en la mujer o el hombre que sabe cómo permanecer en silencio, que sabe guardar un secreto y que no cuenta chismes.

  Una vez, una amiga estaba cotilleando en el trabajo sobre una mujer con la que trabajaba, a la que llamaremos Diane. Esta última escuchó lo que había dicho y mi amiga se sintió horriblemente mal.

  Después hizo lo que debía: se disculpó con Diane y fue muy amable con ella. Confió en sus actuaciones y reconoció su trabajo en las reuniones, en sus conversaciones y en sus funciones laborales.

  Pero, casi un año después, me dijo que Diane todavía estaba enfadada con ella. No entendía por qué seguía tan enojada. Se había disculpado con ella, le dio varias recomendaciones y la ayudó siempre que pudo. Entonces ¿por qué?

  Porque no guardaste silencio, así que ya no confía en ti. Y tal vez nunca lo haga.

- **Valor.** Debemos recordar esta ecuación: el valor de las palabras es igual a la demanda de estas dividida entre su oferta.

  Asumiendo que la demanda de nuestras palabras sea

básicamente la misma (¿quién se despierta pensando «Debo oír hablar a James y Claudia»?), mientras menos repartamos nuestras palabras y sabiduría, más valor tendrá esta última.

No me lo estoy inventado. Vale la pena intentarlo.

Una vez estaba en un trabajo que quería abandonar, así que simplemente dejé de hablar en las reuniones porque ya no me importaba nada. Poco después me estaban ofreciendo el puesto de CEO de la empresa (que rechacé). Así es como subió el valor de mis palabras en cuanto dejé de hablar.

- **Ahorro de tiempo.** Mientras menos tiempo hablemos, más tiempo tendremos para otros empeños, como escuchar, leer, hacer ejercicio o incluso dormir. Yo prefiero esto último a hablar.

- **Mística.** Casi siempre, la chica o el chico más atractivo es el que está parado en una esquina mirando a los demás. No estoy recomendando quedarse en silencio para crear un aura de misterio. Eso puede parecer narcisista.

  Pero esto es lo que va a suceder. En el país de los ciegos, el tuerto es rey. Cuando todo el mundo se expresa sin contención, también pierden la visión de las cosas. El que logra guardar el precioso recurso del silencio, se convierte en el tuerto y, por lo tanto, será el rey.

- **Observación.** Cuando no hablamos o no pensamos demasiado, tenemos la posibilidad de observar, de ver lo que nos rodea.

A veces, lo que vemos es la belleza que simplemente está ahí: al otro lado de mi ventana hay un árbol cuyas hojas son ahora de un amarillo brillante, dejando debajo de ellas unas lágrimas amarillentas, mientras que otros árboles, muy verdes, custodian a su hermano que está muriendo.

A veces esta observación aguda puede ayudarnos más tarde: para plasmarla en un libro, la experiencia de un jugador de póker, la brillantez interior de un monje o solo las preocupaciones de un amigo que necesita nuestra compasión.

- **Más energía cerebral.** El cerebro, el sistema digestivo, el corazón y los pulmones nos mantienen vivos y necesitan energía. Cuando hablamos demasiado, el cerebro necesita mucho combustible para mantener la conversación. ¡Eso es un trabajo duro!

  Cuanto menos hablemos, más energía conservará el cerebro para elegir las palabras importantes. No hay que olvidar que estas son solo instrumentos para sobrevivir; no son nosotros mismos. No nos definen a menos que las dejemos hacerlo.

- **Menos madeja que desenredar.** Como dice la famosa frase de Walter Scott, «Qué enmarañada red tejimos». ¿Cómo es posible que se enrede tanto? Hablando.

  Y todo esto se aplica también al discurso interior. El silencio consiste en sentarse cómodamente con uno mismo y cortar esas madejas antes de que tengamos la oportunidad de enredarlas.

- **Menos estrés.** Que levante la mano quien alguna vez se haya levantado por la mañana, después de una noche de fiesta, y haya pensado: «Oh Dios mío, ¡cómo he podido decir eso!». Adelante, no se lo diré a nadie. Que levante la mano.

  Ese es un tipo de estrés. Pero hablar puede causar otros más. Ya hemos visto algunos ejemplos antes, así que no los repetiré.

  Todos conocemos la negatividad del estrés, pero también tiene algunas cosas positivas. Puede ser una señal de peligro para dejar de hacer algunas cosas. O el aviso de que necesitamos hacer otras.

  Pero esos son los beneficios más discretos del estrés. La mayor parte de la gente vive en un estado constante de lucha o de evasión. El problema es que, en nuestra sociedad sedentaria, la mayor parte de la gente no se mueve. No está luchando ni escapando, así que el estrés se convierte en un asesino. Provoca ataques al corazón, apoplejías, problemas estomacales, cáncer, Alzheimer y muchas cosas más.

  Así que, sí, debemos escuchar a nuestro estrés para ver hacia donde apunta, pero no provocarlo de manera inconsciente a través de una cháchara incontrolada. Hay que decir No a eso.

  Cuando decimos No al ruido y le damos la bienvenida a todas las capas del silencio, le decimos Sí a una vida más sana. Y más feliz.

¿Por qué a Buda le encanta decir No?

JAMES: A primera vista, esto no suena bien. Un rico playboy, hijo de un rey, recibe todo lo que quiere cuando lo desea. Incluso una bella esposa, la mejor de todas entre las que podía elegir.

Una noche tiene un hijo y se siente aterrorizado ante la responsabilidad, así que pide un caballo, se marcha de casa y abandona sus responsabilidades como heredero, como esposo y como padre.

Ocho años después regresa. ¡Sorpresa!

Cuando se marcha de nuevo, desoyendo los ruegos de su padre y de su mujer, se lleva a su hijo con él.

El hombre que estoy describiendo es, por supuesto, Siddharta Gautama, que más tarde será conocido como Buda.

De acuerdo, los tiempos eran distintos entonces. Siddharta sabía que existía una red de apoyo que se encargaría de su familia y de su reino. Pero él también tenía una misión superior que le llevaría años comprender.

¿Qué fue entonces lo que llegó a entender?

Que ya no necesitaba decir Sí.

Su padre había intentado protegerlo. Tal y como el cerebro intenta hacer; trata de mantenernos en nuestra zona de confort para que nada peligroso ni perturbador suceda.

Al padre de Siddharta le habían dicho que su hijo iba a ser un gran rey o un gran maestro espiritual que aliviaría el sufrimiento de su gente, así que trató de evitar que su hijo viera cualquier tipo de padecimiento. Lo encerró en su castillo y puso a su disposición todos los placeres.

Pero Siddharta vio sufrimiento en su primer viaje para recorrer su reino.

Nuestra mente no quiere que veamos el padecimiento que está fuera. Pero Buda dijo No a este autoengaño.

Él dijo: «La vida es sufrimiento». Esto no es pesimista, ni se opone al pensamiento positivo. Es la realidad. Nos ponemos enfermos, nuestros trabajos y relaciones tienen altibajos. Nuestras ansiedades y remordimientos regresan una y otra vez, y además envejecemos, con todos los problemas y dolores que eso conlleva.

También dijo: «El sufrimiento viene del deseo». Muchas veces crecemos pensando que si tenemos una carrera universitaria, un buen trabajo, una casa donde echar raíces, una esposa maravillosa e hijos, si ganamos mucho dinero, entonces seremos felices.

Tal vez no pensemos todas esas cosas, no todo el mundo lo hace. Pero es probable que calibremos una variación de ellas. Es normal. Es genial tener una esposa maravillosa, o tener hijos o un buen trabajo. Nadie dice que no lo sea.

El problema es sentir decepción cuando no conseguimos todo lo que queremos. Eso es lo que nos mata.

Hay dos flechas en la vida que tratan de hacernos daño. Debemos tener cuidado.

Digamos que no conseguimos el trabajo que esperábamos. Esa es la primera flecha. Tal vez no nos mate, pero nos hará daño.

Luego empezaremos a preguntarnos por qué. Llegan el arrepentimiento y la ansiedad: «¿Qué pasará si nunca conseguimos un buen trabajo?». Y empezamos a pensar, y pensar y pensar.

Esa es la segunda flecha, y sí puede matarnos.

El segundo precepto de Buda explica la segunda flecha. El deseo engendra sufrimiento.

Pero también dijo: «Hay un camino para salir del sufrimiento».

Me gusta cómo lo dice y hace que todos nos acerquemos a él. ¿Cuál es la manera de salir del sufrimiento?

Y entonces nos lo explica: a través de la meditación, de la consciencia y de su noble camino óctuple.

Vamos a describir su acercamiento volviendo a la historia. Dejemos por un momento el noble camino óctuple y la meditación.

Un día, cuando su hijo Rahula ya viajaba con él, Buda lo llevó a dar un paseo y le dio algunos consejos.

Esta es la última mención de Rahula en los textos budistas, pero tal vez también la más importante.

La titularemos «Buda le explica a su hijo el poder del No».

Todo lo que le dijo fue: «Antes, durante y después de pensar, decir o hacer algo, determina si puede hacer daño a alguien».

Eso es todo.

¿Debemos cotillear sobre el compañero que nos clavó una puñalada trapera? No, porque estaríamos diciendo algo que podría dañar a alguien.

¿Deberíamos comprar esa casa? Puede ser, pero si hay una posibilidad de que nos arruine a nosotros y a nuestra familia, y nos fuerce a pedir un préstamo que solo podremos devolver trabajando ochenta horas a la semana y renunciando a ver crecer a nuestros hijos, entonces la respuesta es No.

¿Deberíamos conducir un coche? Bueno, existe la posibilidad de que le hagamos daño a alguien, así que debemos ser buenos conductores y tener cuidado al volante.

El ejemplo del coche es importante. Podemos hacer daño a alguien, pero debemos usar el discernimiento. Si mientras conducimos realizamos las acciones correctas, como diría Buda, no le haremos daño a nadie.

Entonces ¿debo comprar una casa? ¿Qué pasaría si eso es lo correcto? De acuerdo, la compraremos, pero poniendo buen cuidado en no entrar en bancarrota después.

Buda no dice: «Dile que Sí a las cosas que quieres para ser feliz». Más bien aconseja: «Dile que No a las cosas que pueden hacernos daño».

Y también: «No creas solo mi palabra. Inténtalo tú. Comprueba si esto te funciona».

Decir No a las energías negativas que nos llegan

La gente a veces intenta provocarnos. Quieren una respuesta. Se sienten solos y necesitan que estemos enfadados, molestos, asustados o avergonzados para que ellos no se encuentren tan solos. Es fácil caer en sus trampas y que nos absorba el vórtice de la negatividad.

Esto no es algo único, ni que solo pase una vez al mes o al año. Sucede todos los días. Nos vemos absorbidos por la negatividad al recibir una simple llamada telefónica, al ver las noticias o las cosas que pasan en la calle.

Es muy fácil sentir la negatividad de la que todo el mundo se alimenta.

Lo importante es darse cuenta de ello, ser consciente de cuándo empieza a subir por la cabeza.

Ese es el momento de pararla, de decirle No. Y la única manera de hacerlo es ejercitar el músculo de la gratitud.

Cuando nos sentimos agradecidos, en lugar de la negatividad notamos las sutilezas en todo lo que nos rodea; vemos las coincidencias que aparecen en nuestra vida y apreciamos los espacios vacíos que mágicamente aparecen en un mundo demasiado poblado.

EJERCICIO
ENTRENAR LA GRATITUD

Hagamos una lista de nuestros problemas. Por ejemplo:

1. Perdí mi trabajo, en el que tenía un mal jefe.
2. No puedo encontrar un empleo.
3. Cada esfuerzo creativo que hago es rechazado.
4. Mi novio/novia me ha engañado.
5. Mi casa está en ejecución hipotecaria.
6. Estoy trabajando en un bar, aunque lo que realmente quiero es ser actor o escribir una novela.

7. Trabajo como conserje, pero en mi país era médico.

8. ¡Mi vecino hace mucho ruido!

9. Los inspectores de hacienda me están buscando.

Estas situaciones no le gustan a nadie; decir lo contrario es falsa espiritualidad. También es caer en el ego: como si tuviéramos el poder de forzarnos a querer algo que, en realidad, detestamos. Tratar de llenar estas situaciones con amor puede dañar el músculo espiritual en lugar de hacerlo crecer.

Practicar el pensamiento positivo en situaciones malas tan solo hará que nos atasquemos más, que nos alejemos más de la realidad.

El objetivo es estar tranquilos cuando nos enfrentemos con las situaciones malas. Y solo podemos hacerlo si empezamos a sentirnos agradecidos por las cosas que son buenas en nuestra vida.

Empezaremos por alguna parte, en algún punto de referencia. «Quiero a mi esposa, a mis dos hijas y me siento agradecido por eso.» Muy bien, eso es algo importante. También podemos empezar con algo más pequeño: «Doy las gracias por respirar ahora mismo». Hay que empezar por algún sitio, incluso si solo estamos agradecidos por respirar.

Cuando practicamos el agradecimiento y se convierte en algo natural, es más fácil decir No a las situaciones que, aunque creemos que podrían proporcionarnos felicidad, terminarán haciéndonos sentir miserables.

Y lo más importante es que nos vamos a desatascar. En realidad, nos daremos cuenta de que nunca estuvimos atascados, gracias a la enorme abundancia en nuestra vida por la que nos sentimos agradecidos.

Esta conciencia, que es tan fácil de implementar en la vida, es la base sobre la cual se construyen todos los milagros.

Pongámoslo todo junto. Así es como funciona el músculo de la gratitud:

1. Hacer una lista de todas las situaciones negativas en nuestra vida.
2. Hacer una lista de todas las situaciones buenas en nuestra vida para que no las demos por hecho. Por ejemplo, me siento muy agradecido por mis hijos.
3. Intentar esto (es difícil): ser agradecidos todo el día, por todo lo que vemos, sin importar lo pequeño que sea. Todo esto está en nosotros ahora. Es importante mostrarse agradecido por las pequeñas cosas de la vida.
4. Intentar esto: ponerse a Dieta de Gratitud. Durante los próximos diez días, cuando nos despertemos, pensaremos en diez cosas por las que nos sentimos agradecidos. Pueden ser importantes (familia y

amigos, por ejemplo), o pequeñas (hoy ha salido el sol). El universo, después de todo, es una colección de diminutas partículas. Practicar la gratitud por las pequeñas cosas de nuestra vida es un buen mensaje que le enviamos al universo.

7

El No a «mí»

«Tenemos derecho a rendirnos...»

¿Oigo decir «yo no»?

Sí. Eso es lo que queremos decir. No existe un tú y tampoco hay un yo. Solo hay uno de nosotros aquí.

En mayores niveles de consciencia el No significa un claro discernimiento. Este es la fuente de la que bebemos.

Usamos esta fuerza para darnos cuenta de cuándo el ego nos conduce hacia la cháchara, los celos y los juicios, o al contrario, de cuándo estamos siendo dirigidos por lo divino hacia las cosas que se necesitan hacer a través de nuestros talentos, y también hacia la que creemos que es nuestra misión.

Aquí todos estamos invitados, a todos se nos espera y se nos quiere. Hay aire puro en la cumbre de la montaña. Las ilusiones se han desvanecido. Nuestra energía se dirige hacia el lugar correcto, nos sentimos vivos y llenos de creatividad, nuestros esfuerzos producen acciones poderosas en el mundo y nos sentimos llenos de satisfacción.

Nuestros talentos le sirven a la humanidad y nuestras directrices proceden del silencio.

No podemos decir Sí hasta que no experimentemos el No más profundo.

En este nivel no prestamos atención a los demás, ni nos preocupamos por lo que puedan pensar: somos independientes de sus buenas o malas opiniones. Somos libres porque conocemos, a partir del magma de la sabiduría que se derrama todos los días desde el silencio y desde nuestros rituales espirituales, que debemos hacer nuestro mejor trabajo. Y nos encanta.

Estamos fluyendo voluntaria y suavemente hacia el río de la sabiduría divina, sin importar los resultados, con una sonrisa y con total confianza.

El No final

El objetivo último para una persona que ha incrementado su nivel energético es rendirse, para vivir dirigido por las fuerzas divinas.

Inspiramos. Dejamos entrar al mundo entero. Todo. Todo nuestro pasado y todo nuestro futuro.

Espiramos. Ya se ha ido.

Hemos llegado.

Bienvenidos.

¿Rendirse significa darse por vencido?

A veces quiere decir que ya no podemos con algo. Las deudas. Las relaciones que nos hacen daño. Las oportunidades de negocios que no funcionan, una vez más.

¿Cuántas veces debemos aguantarlo?

A veces pensamos: «Uau, ya han pasado X años desde que sucedió Y». «Y» fue algo increíblemente bueno que nos hizo felices.

Y cuando pensamos: «He trabajado cada minuto de los últimos años ¿y qué he conseguido?».

Entonces nos dan ganas de darnos por vencidos.

Eso es lo que nos pasa por la cabeza, como en un desesperado ¡renuncio!

¿Es esto rendirse?

No.

Es más bien lo contrario.

Se basa en la ilusión de que controlábamos las cosas.

He aquí algunas situaciones sobre las que no tenemos control:

- El tiempo que hace.
- La temperatura de ayer.
- A qué personas les vamos a gustar y quiénes nos odiarán.
- El momento de nuestra muerte.
- También el momento de nuestro nacimiento.
- Las oportunidades que pueden o no aparecer ante nosotros.

Y la lista sigue.

Entonces ¿qué es rendirse?

¿Podemos decir «de acuerdo, encárgate tú de eso. Lo dejo en tus manos», donde el «tú» sea un poder superior, una entidad divina?

Eso tampoco funciona. Si no actuamos, lo normal es que no suceda nada. Es tan solo una manera engañosa más de controlar las cosas. Es como si intentáramos, a través de una actitud pasivo-agresiva, de hacer que el universo se sienta culpable y acabe dándonos lo que queremos.

Rendirse es otra cosa. Hemos llegado a este punto, hemos dicho No a todas las cosas que debemos negarnos; entonces, ya estamos listos para rendirnos.

De modo que rendirse significa:

- Comer bien.
- Dormir bien.
- Cuidar nuestro cuerpo.
- Decir No a las comidas, bebidas y actividades que nos perjudican.
- Decir No a la que gente que intenta derribarnos.
- Decir No a las historias en las que la gente trata de meternos. No estamos en el ejército; somos un ente individual.
- Decir No a las mentiras que sostienen estas historias.
- Decir No a los ofrecimientos y las oportunidades que no son la mejor opción. Estamos buscando cuidadosamente los Síes reales en las oportunidades que nos llegan.
- Decir No al ruido, encontrar el silencio entre cada palabra y entre cada bocanada de aire.

Todo esto permite que nuestra creatividad se exprese libremente, que nuestro espíritu se relaje, que nuestro cerebro se sienta aliviado y que nuestro cuerpo tenga más energía de la que nunca ha dispuesto.

¡Tanto alivio!

Ahora…

Rindámonos.

¿A quién?

A nosotros mismos.

A una parte superior de nosotros mismos.

A esa parte de nosotros que es sabia y que conoce lo que es mejor.

Hagámoslo.

Digamos Sí.

A nosotros mismos.

EJERCICIO
LA TÉCNICA EXTRATERRESTRE PARA RENDIRSE

Esto funciona mejor a primera hora de la mañana.

Nos despertamos.

Nuestro primer pensamiento del día es «¿quién soy?».

Porque sabemos en lo más profundo de nuestro ser que somos un extraterrestre llegado desde el espacio exterior.

Hemos sido enviados por la nave nodriza para habitar

este cuerpo durante veinticuatro horas. No tenemos idea de a quién pertenece ni lo que debemos hacer.

Flexionamos un poco los músculos. ¿Somos humanos? ¿Qué son esas luces que llegan a la habitación? ¿Qué sonidos escuchamos?

¿Hay alguna parte del cuerpo que se sienta mal, enferma? Puede ser una señal de que este humano está demasiado estresado.

Nuestro trabajo puede ser reducir ese estrés.

Ah, está entrando la luz. Nos bañamos en ella. A los de nuestra especie extraterrestre nos gusta mucho la luz.

Cualquier cosa que hagamos hoy será para ayudar al humano; para eso nos han enviado aquí. Tomaremos las decisiones adecuadas para él o para ella.

Pero no es algo crucial, porque mañana nos despertaremos en otro cuerpo humano. Somos agentes especiales.

Y nuestro trabajo es salvar vidas.

Rendirse es una cosa extraña

Puede parecer que estos ejercicios son una forma de engañarnos para que dejemos de intentar controlar todo aquello que no podemos dominar.

Y es verdad. Son trucos. Porque nuestra mente no quiere rendirse.

Se le ha dado al cerebro una enorme responsabilidad evo-

lutiva para encargarse de todo, para mantenernos vivos y si-
tuarnos en la mejor posición posible para reproducir nuestro
ADN.

No se da cuenta de que, en un pasado reciente, pasamos
de ser los cazadores y recolectores que fuimos durante millones de años (si incluimos a todos nuestros ancestros evoluti-
vos) a seres con los problemas propios de una sociedad relativamente rica y sofisticada en lo tecnológico.

Nuestras ideas han evolucionado mucho más rápido que
nuestros cerebros. Somos capaces de dar la vuelta al mundo
en un solo día. Podemos ver imágenes del mundo entero en
menos de un segundo. Podemos comer un plato con mate-
ria prima que ha sido arada, cazada, recolectada y procesa-
da en cincuenta puntos distintos alrededor del mundo, y
transportada hasta nosotros para que no pasemos hambre
hoy.

Hemos creado un mundo maravilloso y, aun así, somos infelices. No quiero decir que todo el mundo lo sea, pero la gente, en general, lo es. Por eso inventamos los antidepresivos, las
medicinas más rentables de la historia.

A nuestro cerebro no le importa si somos infelices. Solo
tiene una misión: reproducir el ADN.

Cuando un ADN no se reproduce, la especie se extingue y
eso es un fracaso evolutivo. Cuando se duplica, la especie sigue adelante y eso es un éxito.

Eso es lo único que sabe el cerebro. Así que tenemos que
dejarlo fuera de juego. Debemos engañarlo o hipnotizarlo.

Eso es posible a través de la meditación o de permanecer

en silencio cada día. Pero hay muchas maneras de hacerlo. Seguir las ideas de este libro es una de ellas.

El cerebro requiere una gran cantidad de energía cada segundo del día para cumplir con sus actividades. Finalmente, al eliminar lo innecesario y usar ese combustible en cosas más productivas, podemos entregarnos a ella. Porque la energía pura sabe lo que hay que hacer si confiamos en ella.

Cuando emprendemos un largo viaje, podemos ver el camino frente a nosotros. Confiamos en que si lo seguimos llegaremos hasta nuestra meta. No intentamos ver el final del camino: dejamos de controlarlo. Nos rendimos al hecho de que él conoce mejor que nosotros el final.

Eso no significa que el camino nos llevará solo. Nosotros tendremos que dar cada paso.

Leer este libro es un paso. Nosotros, los autores, agradecemos su lectura. Sabemos que las ideas que están en él son útiles porque también nos han ayudado a nosotros y a muchos lectores a través de los años.

Cada vez que decimos No de la forma adecuada, damos un paso en ese camino. Pero el mayor No que podemos decir es a todas las cosas que pensábamos que éramos nosotros. Nuestro pasado, nuestra educación, nuestras cosas, nuestros dramas, nuestras relaciones. Todo eso es nuestra historia y debemos ceder el control.

Al nacer dimos el primer paso del camino. Y ahora hemos llegado hasta aquí.

Demos otro paso. Y otro. No sabemos dónde acabaremos, pero a donde vayamos, estaremos ahí.

Decir Sí a nuestro nuevo poder

JAMES: El lector tiene este libro entre las manos porque la palabra No le sonó como algo verdadero. Porque sabe que tiene un regalo que entregar al mundo y que este está listo para esa energía que debe compartir. Pero necesitamos un plan, un mapa de carreteras para reinventarnos.

Este es el armazón de ese plan. Sigámoslo y veremos milagros, éxitos y abundancia en nuestra vida. He visto cómo les ha funcionado a cientos de personas, a través de entrevistas y de cartas, en los talleres a los que ha asistido mucha gente en los últimos veinte años. El lector puede intentarlo, o no.

La lista que sigue es una selección de las mejores preguntas y comentarios que he recibido en los últimos años. Es el fruto de mi observación de lo que funciona y lo que no.

Como en todas las formas de información condensada, hay muchas cosas que están ahí concentradas. Puede ser que necesitemos un tiempo. Se pueden leer unas hoy y otras dentro de unos días. Y volver a comenzar cuando sea necesario. No hay prisa.

Nuestra reinvención puede obligarnos una y otra vez a comenzar de nuevo, mientras crecemos, nos casamos, tenemos hijos, encontramos un trabajo que enriquezca nuestra vida y nos hacemos mayores y más sabios.

Todos experimentamos la necesidad de reinventarnos en diferentes momentos de la vida. Si perdemos un trabajo, o una relación, si encontramos una nueva pasión o un nuevo amor.

La reinvención tiene muchas caras. Es como Halloween: el timbre de la puerta suena constantemente. Siempre hay alguien fuera con un nuevo disfraz. Quieren que les demos caramelos y que nos divirtamos con ellos.

La reinvención está llamando a nuestra puerta todo el tiempo.

Lo está haciendo ahora.

El mapa para reinventarnos a nosotros mismos

a) *La reinvención nunca termina*
Cada día nos reinventamos a nosotros mismos. Siempre estamos en movimiento, pero nosotros decidimos si es hacia delante o hacia atrás.

b) *Siempre se empieza de cero*
Todas las etiquetas del pasado que queramos reivindicar son solo vanidad. ¿Éramos médicos? ¿Estudiamos en las mejores universidades? ¿Tuvimos millones en nuestra cuenta? ¿Una familia? A nadie le importa.

Lo perdimos todo. Somos un cero. No pretendamos ser más.

c) *Necesitamos un mentor*

O nos hundiremos hasta el fondo. Alguien tiene que mostrarnos cómo debemos movernos y respirar. Pero no hay que preocuparse por encontrarlo (sigamos leyendo).

d) *Hay tres tipos de mentor*

Directo: alguien que está frente a nosotros y que nos enseñará cómo lo hizo él o ella. ¿Qué es «lo»? Hay que esperar un poco.

Indirecto: libros, películas. Podemos sacar el 90 por ciento de las enseñanzas de un mentor de los libros y de otros materiales. Se puede considerar que entre doscientos y quinientos libros hacen el mismo papel que un buen mentor. La gente nos pregunta: «¿Qué libro puedo leer que sea bueno?». Nunca sabemos qué contestar. Hay entre doscientos y quinientos buenos libros que leer. Para elegir el primer se pueden seguir las recomendaciones de otras lecturas que estén detrás de ese libro, continuar adelante y añadir otros temas: autoayuda, libros de inspiración y de nuestra área de trabajo, etc. Sean cuales sean nuestras creencias, debemos seguir nuestras pasiones e ir hacia donde nos llevan. Subrayaremos los pasajes significativos.

Todo es un mentor: si estamos a cero en todos los

224 I EL PODER DEL NO

sentidos, sin importar cuál sea nuestro cero personal y sentimos pasión por la reinvención, todo lo que veamos será una metáfora de lo que queremos hacer. El árbol que vemos, con las raíces y el agua subterránea que lo alimenta: todo es una metáfora para la programación si conectamos los puntos.

Y dondequiera que miremos, uniremos los puntos.

e) *No hay que preocuparse si no sentimos pasión por nada*
Hagamos nuestras actividades con amor, sean las que sean, y el éxito llegará de forma natural.

f) *Pongamos el músculo de las ideas en forma*
Poco a poco. Al principio escribiremos solo diez ideas al día. Pueden ser malas. Por ejemplo, diez cosas que me gustan: el helado, las fresas, los pasteles, dormir, la luz, el silencio... ¿está claro? No hay que preocuparse. Escribamos las ideas. Si lo hacemos todos los días, el músculo crecerá. Luego anotaremos veinte, después cien.

—No puedo —nos dicen a veces algunas personas—. Simplemente no puedo. Solo tengo cuatro o cinco ideas y luego no se me ocurre nada.

—De acuerdo —respondemos nosotros—, no tienes que llegar a tener diez ideas. ¡Necesitas llegar a veinte!

Necesitamos aprender a tener también malas ideas. El músculo crece con la repetición.

Con el tiempo las ideas mejoran; fluyen, y el músculo se transforma en una especie de máquina. Entonces
veremos el mundo tal y como es: un océano de creatividad en el que todo está adherido al fondo, con miedo de soltarse y flotar.

Pero nosotros tenemos los ojos bien abiertos.

Nos soltamos y dejamos que el océano nos lleve a casa.

g) *Tiempo que nos costará reinventarnos: cinco años*

He aquí una descripción de ese lustro:

Año Uno: empezamos a desgranar nuestras ideas, a
leer todo lo que llega a nuestras manos y a hacer algunas cosas.

Año Dos: ya sabemos con quiénes debemos hablar
y con quiénes trabajar en equipo. Hacemos cosas todos
los días. Ahora ya sabemos cómo se ve el tablero del
Monopoly en nuestros nuevos proyectos.

Año Tres: empezamos a ganar algo de dinero, aunque todavía no podamos vivir de eso.

Año Cuatro: ganamos lo suficiente como para dejar
nuestro empleo anterior.

Año Cinco: estamos haciéndonos ricos.

A veces podemos sentirnos frustrados entre los años
uno y cuatro. Nos preguntaremos por qué no sucede
aún lo que queremos. Está bien. Solo hay que seguir
adelante. O detenerse y elegir un nuevo camino.

h) *La paciencia es la clave*

Si la reinvención nos lleva más o menos de cinco años, estamos haciendo algo mal.

i) *No es por el dinero, pero es una buena medida*

Cuando la gente dice que no es por el dinero, deberían asegurarse de tener otra medida de las cosas.

«¿Qué tal hacer solo lo que nos gusta?» Habrá muchos días en los que no nos agradará lo que hacemos. Si realizamos solo lo que no nos gusta, nos va a costar más de cinco años. Muchas veces nos enamoramos de aquello en lo que tenemos éxito. No se sabe si el amor viene antes; a veces va y viene, como toda nueva relación.

La felicidad es una percepción positiva del cerebro. Algunos días nos sentiremos infelices. El cerebro es un instrumento que nosotros utilizamos, no es quienes somos.

j) *¿Cuándo podemos decirle al mundo que hemos iniciado una nueva carrera profesional?*

Hoy mismo.

k) *¿Cuándo empezaremos a desarrollar nuestra nueva carrera?*

Hoy mismo.

Si queremos pintar, entonces nos pondremos hoy frente al lienzo y lo haremos. Compraremos los quinientos libros, o los iremos sacando de la biblioteca pública, uno por uno, y los leeremos. Aprenderemos algo nuevo cada día y seguiremos pintando.

Si lo que queremos es escribir, haremos estas tres cosas: Leer. Escribir. Coger la historia que más nos guste de nuestro autor favorito y copiarla, de manera literal. Nos preguntaremos por qué escribió cada palabra. Él es hoy nuestro mentor.

Si preferimos empezar un negocio, escribiremos todas las posibilidades y los detalles de nuestra idea. La reinvención empieza hoy y todos los días.

l) *¿Cómo ganaremos dinero?*

Para el Año Tres ya habremos invertido cinco mil o diez mil horas de trabajo. Es bueno estar entre los doscientos o trescientos mejores de un determinado campo. Los mejores doscientos de cada sector casi siempre se ganan la vida.

Para el Año Tres ya sabremos cómo ganar dinero. Para el Año Cuatro habremos escalado y ganaremos lo suficiente. Mucha gente se detiene en el Año Cuatro.

Para el Año Cinco estaremos entre los treinta o cincuenta mejores, lo que nos permitirá hacernos ricos.

m) *¿Qué es «lo»? ¿Cómo sabemos qué deberíamos hacer?*

Cualquier área sobre la que queramos leer quinientos libros. Iremos a la librería o a la biblioteca y lo averiguaremos. Si nos aburrimos a los tres meses, volveremos a la biblioteca.

No pasa nada por desilusionarse. De eso trata el fracaso. El éxito es mejor que el fracaso, pero las mayores lecciones las aprendemos en este último.

Muy importante: no hay prisa. En una vida interesante nos reinventaremos muchas veces. En numerosas ocasiones también fracasaremos intentándolo.

n) *Muchas reinvenciones convierten la vida en un libro de relatos y no en un libro de texto*
A algunas personas les gustaría que la historia de su vida fuera un libro de texto. Pero, para bien y para mal, la mayoría de nosotros somos un libro de relatos.

Las elecciones que hagamos hoy estarán en nuestra biografía de mañana, así que si son interesantes, nuestra biografía también lo será.

o) *Las elecciones de hoy son nuestra biología de mañana*
Cuidado con la ira, causa intranquilidad y enfermedades. Si nos enfadamos a lo largo del camino, quiere decir que hay algo que no hemos digerido bien. Sentémonos en silencio con ese sentimiento, dejemos que nos atraviese y se aleje, para que podamos estar abiertos y listos para continuar el camino de reinvención.

p) *¿Y qué pasa si nos gusta algo oscuro, como la arqueología bíblica o el arte de la guerra del siglo XI?*
Repetiremos todos los pasos anteriores y en el Año Cinco haremos fortuna. No tengo ni idea de cómo. Pero no

intentaremos ver el final del camino cuando apenas hemos dado el primer paso. Solo tenemos que darlo. Abandonemos la necesidad de saber cómo van a suceder las cosas.

q) *¿Y qué hacer si la familia quiere que seamos contables?*
¿Cuántos años de nuestra vida le hemos prometido a la familia que vamos a dedicarles? ¿Diez? ¿Toda la vida? Entonces esperaremos hasta la próxima. Lo bueno de todo esto es que somos nosotros quienes elegimos.

Elegimos la libertad en lugar de la familia, de las ideas preconcebidas, del gobierno, de agradar a los demás. Entonces nos gustaremos a nosotros mismos.

r) *Nuestro mentor quiere que lo hagamos a su manera*
De acuerdo. Aprenderemos cómo lo hace él. Luego haremos las cosas a nuestra manera. Con todo respeto.

Esperemos que nadie nos ponga una pistola en la sien. Si es así, haremos lo que los otros quieren hasta que bajen el arma.

s) *A nuestra pareja le preocupa quién va a mantener u ocuparse de los niños*
Nosotros. Después de hacer un trabajo que odiamos dieciséis horas diarias siete días a la semana, usaremos el tiempo libre para reinventarnos.

Alguien en plena reinvención siempre tiene tiempo libre. Parte de ella consiste en unir pequeños espacios de tiempo para trabajarlos como queramos. Ese es el poder del No en acción: decimos No a las distracciones superfluas porque debemos encontrar tiempo para nosotros.

t) *¿Y si nuestros amigos piensan que estamos locos?*
¿Qué amigos?

u) *¿Y si lo que queremos es ser astronautas?*
Esa no es una reinvención; es un trabajo específico. Hay muchas carreras para los amantes del espacio exterior. Quizá Richard Branson quería ser astronauta, y así comenzó Virgin Galactic.

v) *¿Y si nos gusta salir de fiesta y beber?*
Volveremos a leer este libro dentro de un año.

w) *¿Y si estamos muy ocupados engañando a nuestro esposo o esposa, o a un socio?*
Volveremos a leer este libro dentro de dos o tres años, cuando estemos sin dinero ni trabajo y no le gustemos a nadie.

x) *¿Y si no tenemos ninguna habilidad?*
Leeremos otra vez el punto «b».

y) *¿Y si no tenemos un título, o el que tenemos no nos sir-*
ve para nada?
Leeremos otra vez el punto «b».

z) *¿Y si nos tenemos que concentrar en pagar las deudas*
y la hipoteca?
Leeremos otra vez el punto «s».

aa) *¿Por qué nos sentimos como si siempre lo estuviéramos*
viendo todo desde fuera?
Albert Einstein lo veía todo desde fuera. Nadie en el
sistema quería contratarlo.
La mejor forma de creatividad nace del escepticismo. Einstein no siguió ciegamente el camino del tiempo; creó el suyo propio.

bb) *Es imposible leer quinientos libros. ¿No hay uno solo*
que sirva para lograr la inspiración?
Démonos por vencidos.

cc) *¿Qué pasa si estamos demasiado enfermos para rein-*
ventarnos?
La reinvención va a estimular cada célula química
sana del cuerpo: serotonina, dopamina, oxitocina.
Si seguimos adelante tal vez no nos curemos, pero
estaremos más sanos. No usemos la salud como ex-
cusa.
O bien primero reinventemos la salud. Dormire-

mos más horas. Comeremos mejor. Haremos ejercicio. Estos son pasos claves para la reinvención.

dd) *¿Y qué hacemos si nuestro último socio nos estafó y todavía estamos en pleitos?*
Abandonaremos el proceso legal y no pensaremos en él nunca más. La mitad del problema fuimos nosotros, no él.

ee) *¿Y si nos encarcelan?*
Perfecto. Volvamos a leer el punto «b». Se pueden leer muchos libros en la cárcel.

ff) *¿Y si somos demasiado tímidos?*
Haremos de la debilidad nuestra fuerza. Los introvertidos escuchan y se concentran mejor, y despiertan más ternura.

gg) *¿Y si no podemos esperar cinco años?*
Si tenemos planeado vivir cinco años más, tal vez nos convendría empezar hoy mismo.

hh) *¿Cómo podemos crear una red?*
Hagamos círculos concéntricos. Nosotros somos el centro.
El siguiente círculo corresponde a los amigos y la familia.
El siguiente, a las comunidades de internet.

El círculo posterior son reuniones y cafés.

El círculo siguiente son conferencias y líderes de opinión.

El círculo que le sigue son los mentores.

El círculo que va después son los clientes y los creadores de riqueza.

Empecemos a trazar nuestro camino a través de estos círculos.

ii) *¿Qué pasa si se nos sube el ego por lo que hemos hecho?*
En seis o en doce meses otra vez estaremos en el «b».

jj) *¿Qué hacemos si sentimos una gran pasión por dos cosas y no nos decidimos por ninguna?*
Podemos combinarlas y seremos los mejores del mundo en esta mezcla.

kk) *¿Y si estamos tan emocionados con lo que hemos aprendido que queremos enseñarlo?*
Podemos comenzar por dar cursos por YouTube, empezar con un público de uno y crecer desde ahí.

ll) *¿Y si queremos ganar dinero mientras dormimos?*
En el Año Cuatro empezaremos a contratar a otras personas.

mm) *¿Cómo encontramos mentores y líderes de opinión?*
En cuanto tengamos suficiente conocimiento (des-

pués de leer cien o doscientos libros), escribiremos diez ideas para veinte mentores potenciales.

Ninguno de ellos responderá. Escribiremos de nuevo diez ideas más para veinte nuevos mentores y lo repetiremos cada semana.

Haremos una *newsletter* de cada uno que no nos responda. Seguiremos repitiéndolo hasta que alguien conteste. Explicaremos nuestros esfuerzos en un blog y crearemos una comunidad, porque ya somos unos expertos.

nn) *¿Qué hacemos si no se nos ocurre ninguna idea?*
La práctica hace que lleguen las ideas. El músculo, si no se usa, se atrofia, así que debemos entrenarlo.

No es fácil para James tocarse los dedos de los pies si no lo hace cada día. Tiene que practicarlo a diario durante un rato para poder llegar hasta abajo con facilidad (menos mal que Claudia es su profesora de yoga). No esperemos tener grandes ideas el primer día.

oo) *¿Qué más podemos leer?*
Después de los libros, podemos leer páginas de internet, entrar en foros y revistas, aunque mucho de eso es basura. Lo mejor son los quinientos libros.

pp) *¿Y si hacemos todo eso y, aun así, parece que no funciona?*
Lo hará. Solo tenemos que esperar y seguir reinventándonos cada día.

No tratemos de encontrar el final del camino. No se puede ver en la niebla. Pero sí alcanzamos a ver nuestro siguiente paso y sabemos que, si lo damos, con el tiempo llegaremos al final del camino.

qq) *¿Y si nos deprimimos?*

Nos sentaremos en silencio durante una hora al día. Necesitamos volver a nuestro centro.

Si nos parece que esto es una estupidez, no lo hagamos. Mejor que nos quedemos deprimidos.

rr) *¿Y qué ocurre si no disponemos de una hora al día para sentarnos en silencio?*

Entonces nos sentaremos durante dos horas al día. No se trata de hacer meditación, solo de permanecer sentados.

ss) *¿Y si nos asustamos?*

Si nos sentimos abrumados podemos bajar el ritmo. Dormir ocho o nueve horas al día y no cotillear sobre nadie. El sueño es la clave número uno para una buena salud. No es la única, pero sí la número uno. Hay gente que me escribe y me dice que solo necesita cuatro horas de sueño o que, en su país, dormir es sinónimo de pereza. Bueno, esas personas no alcanzarán su objetivo y morirán jóvenes.

¿Qué tienen que ver los cotilleos? El cerebro, biológicamente, quiere tener ciento cincuenta amigos, así cuando estemos con uno podemos contar chismes de los otros ciento cuarenta y nueve. Si no tenemos ciento cincuenta amigos, el cerebro quiere que leamos revistas de cotilleos para que pensemos que los tenemos.

Pero no hay que ser tan tonto como el cerebro.

tt) *¿Qué podemos hacer si siempre nos parece que nada nos funciona?*
Pasaremos diez minutos al día practicando la gratitud. No eliminaremos el miedo; solo seremos conscientes de la ira.

Pero también nos daremos la oportunidad de estar agradecidos por las cosas que tenemos. La ira no ayuda a inspirarnos, pero la gratitud sí. Esta es el puente entre nuestro mundo y el universo paralelo donde viven todas las ideas creativas.

uu) *¿Qué hacemos si nos tenemos que enfrentar con el comportamiento agresivo de los demás todo el tiempo?*
Buscaremos nuevas personas con las que convivir.

Una persona que se está reinventando encontrará a otras que intentarán desanimarla. El cerebro tiene miedo de la reinvención porque puede ser peligroso.

Biológicamente, el cerebro quiere que nos quedemos en la zona de seguridad y la reinvención es un riesgo, así que pondrá a gente en nuestro camino que tratará de detenerlo.

Aprenderemos a decir No.

vv) *¿Y si somos felices en nuestro cubículo de trabajo?*
Buena suerte.

ww) *¿Cómo podemos confiar en los autores si han fracasado tantas veces?*
No podemos hacerlo.

xx) *¿Podrían ser los autores mis mentores?*
Los lectores tienen este libro entre las manos. Todos estamos reinventando nuestras vidas juntos.
Todos estamos aprendiendo a decir Sí.

El momento de decir No a este libro

JAMES: El otoño pasado estábamos conduciendo por los bosques que hay alrededor del lugar donde vivimos.

La muerte estaba por todas partes.

La veíamos en los árboles, que tenían partes verdes, rojas, naranjas y amarillas. En uno o dos días, las hojas amarillas se habrían vuelto marrones, morirían y se desprenderían de las ramas.

Claudia dijo: «Es hermoso. Parece que los árboles desprendan fuego a través de las hojas».

Y es verdad. La muerte es hermosa en otoño. Hay todo tipo de metáforas en la historia de la poesía y de los romances sobre la transformación del verano en otoño. Las metáforas a veces son tristes, a veces conmovedoras, otras hermosas y tranquilizadoras, en ocasiones oscuras... el invierno está a la vuelta de la esquina. Frío, quebradizo y odioso.

Veneramos la muerte.

Cuando alguien va a morir, con frecuencia queremos saber cuáles serán sus últimas palabras. Hay diversas razones para eso.

Muchas veces queremos saber si son capaces de observar algo especial, si pueden ver a través del velo entre la vida y la muerte y decirnos qué hay allí. Tal vez piensen que encontrarán a la madre, al padre o a los amigos que se han ido. Puede ser que la vida después de la muerte sea una feliz reunión para toda la eternidad.

¿Quién sabe? Nosotros no.

Pero sobre todo queremos escuchar sus últimas palabras para ver si alguna clase de sabiduría les ha sido revelada.

Volvamos hacia atrás por un instante.

Recordemos cuando éramos niños No importa de qué edad. Digamos de diez años o quince años, lo mismo da.

Recordemos el último día de colegio o instituto de ese año. Era genial, no había un día mejor.

Primero nos embargaba el sentimiento colectivo de «¿A quién le importa?», porque ya no había nada de qué preocuparse. Ya no había exámenes, ni tareas, ni clases aburridas.

Si nos cruzábamos con otros niños que nos caían mal, «¿A quién le importa?». No los veríamos hasta dentro de tres meses. Y qué diablos, tal vez nunca más. Tres meses es mucho tiempo y no se puede predecir nada. Tal vez se mudaran de casa (o murieran, realmente no nos importaba).

Si veíamos a algún profesor, pues tampoco nos importaba. No había exámenes ni deberes. Era el último día de colegio. Ya no había tiempo para hacer tareas. Yo nunca me sentí mal al ver a un maestro o maestra y pensar que nunca más me daría clase. Mi época de alumno con él o ella había pasado.

En unas pocas horas estaría montado en mi bici por la calle e iría a ver a mis amigos, o a comer pizza, o a ver una película, o a nadar.

No me importaba nada. Tres meses frente a mí eran como una gran vereda que atraviesa el bosque y de la que no vemos el final. No sabes dónde terminará.

Ya no había nada que me preocupara. Qué alivio. No importaba a quién me encontrara, ni quién me molestara o contara chismes sobre mí, ni tareas que terminar el domingo por la noche cuando preferiría estar leyendo cómics. Ningún dato que memorizar y retener hasta el siguiente examen. En ese momento podía ver cómo todos esos datos caían al suelo y no tenía que recogerlos nunca más.

Y me encantaba. Nada era mejor que ese sentimiento. Muy pocas veces como adulto he vuelto a experimentar ese alivio tan extremo. Había llegado a la meta.

Solía volver a sentirlo cuando me mudaba de una ciudad a otra: la idea de la muerte de una parte de mi existencia y el nacimiento de otra. Pero en cuanto me casé, tuve hijos y una carrera, era complicado encontrar la línea de meta en algo. Nunca había alivio. De hecho, yo era el responsable de mi familia, y eso es un compromiso para siempre.

Y soy responsable de mi carrera. Nadie más lo es y lo seré hasta que mi carrera acabe. A veces cambian los trabajos y notamos un sentimiento de alivio y de novedad y el fin de algo que ya estaba rancio y desesperado en relación con el antiguo trabajo; pero ese sentimiento se evapora rápidamente y se transforma en nerviosismo por lo que vendrá después.

Quiero volver a sentir el alivio de cuando era niño.

Pero regresemos a la muerte.

Es como el último día de la escuela otra vez.

Así que nos apiñamos alrededor de la persona que va a morir y esperamos oír esas últimas palabras.

Hace poco apareció un libro sobre las últimas palabras sabias de cien personas agonizantes y sobre lo que todas tenían en común. Otro libro muy popular es *La última lección* de Randy Pausch, un profesor de la Universidad de Carnegie Mellon que padecía un cáncer terminal y estaba dando la última clase de su carrera, y de su vida.

Otro libro es *Martes con mi viejo profesor,* sobre un hombre que pasa tiempo con otro que está a punto de morir.

Cuando nos queda poco tiempo de vida tenemos una perspectiva de lo que es importante porque nos hemos liberado de todas las cosas que ya no lo son: como asegurarnos de que podremos alimentarnos durante muchos años más, o las pequeñas discusiones políticas en el trabajo, o votar por un partido político u otro, o todo aquello que nos pone nerviosos y nos quita el sueño durante la vida.

Hay belleza en la muerte, como en las hojas de los árboles cuando llega el otoño.

Las hojas son como el fuego.

Las palabras de los moribundos pueden encender nuestras mentes como el fuego.

Pero no necesitamos visitar hospitales para alcanzar esta sabiduría. Podemos llegar a ella ahora, dondequiera que estemos.

Hay un refrán que dice: «Vive como si hoy fuera el último

día de tu vida». Aunque no me gusta mucho ese dicho, hagamos un pequeño juego.

EJERCICIO
RENACIMIENTO

- Nos tumbamos.
- Cerramos los ojos y relajamos el cuerpo.
- Respiramos hondo varias veces, sin forzar.
- Imaginemos que estamos en el momento de nuestra muerte. Finalmente ha llegado, y ya nos hemos despedido de todo el mundo.
- ¿Qué seremos mañana? Nada. Ya no seremos nuestro cuerpo, ni nuestros pensamientos, ya que estos necesitan el órgano físico llamado «cerebro» para producirse.
- No sabemos qué seremos. Todo lo que podemos hacer es una lista de las cosas que no seremos.
- Hagamos una lista de las cosas que han dejado de preocuparnos, de las cosas que no vamos a echar de menos.
- Nos amamos por el regalo que nos hemos dado a nosotros mismos: una vida en la que hemos aprendido muchas cosas. Una vida en la que hemos sido buenos y malos. Una vida en la que nos hemos sentido solos y deprimidos, pero también felices y sa-

246 | EL PODER DEL NO

tisfechos. Ha sido como estar en una montaña rusa, ¿no? Amamos lo que nos ha dado la vida.

- Visualicemos una imagen nuestra y abracémosla. Le daremos un beso de despedida. Hemos hecho un buen trabajo, y ahora es el momento de irse.
- Ahora sentiremos el alivio. Como el último día de escuela, solo que mejor.

En este punto encontramos el silencio. Ahora nosotros somos la persona con las palabras de la sabiduría. Es nuestro turno para distinguir lo que es importante de lo que no.

La sabiduría infinita está ahora en nuestra mente.

Tal vez podamos pronunciar una o dos frases de ese pozo de profunda e infinita riqueza.

Escribamos esas palabras. Quedémonos con ellas para recordar la sabiduría que tenemos dentro.

No se trata de un ejercicio macabro; mañana nos despertaremos y viviremos la vida. Volveremos al trabajo y veremos a la gente con la que tenemos diferencias políticas; en algunas ocasiones aparecerá el arrepentimiento y la ansiedad nos hará cosquillas en el fondo del corazón.

Pero cuando sea necesario, cerraremos los ojos y volveremos a este momento. Regresaremos al momento en el que nos damos un abrazo por haber hecho un buen trabajo y por una vida bien vivida.

Cuando hacemos esto y lo practicamos para poder aislar el alivio de haber llegado a la meta, siempre podremos acceder a ese mismo recurso de sabiduría del que hablan tantos libros famosos que ponen citas de agonizantes.

A través de la historia de la humanidad hemos confiado en esa sabiduría para saber qué es lo importante en la vida. Para saber a quién amamos realmente, o en qué debemos centrarnos para encontrar nuestra vocación o nuestro propósito.

Practiquemos este sentimiento cuando sea posible. Tal vez incluso cada noche antes de dormir.

Cuanto más accedamos a ese sentimiento y a esa sabiduría, más espacio tendremos para que puedan ocurrir los milagros, esos que acaban bloqueados por la ansiedad, los remordimientos, las preocupaciones, la política y los miedos de cada día.

En esos momentos, nosotros somos el fuego, las hojas que arden, el alivio: nosotros somos la sabiduría del universo.

Llegar al Sí

¡No, No, No, No!

¡Alguien puede pensar que somos como los malos padres que siempre están diciendo No a todo! Malas noticias. Malas personas. Malo esto, malo aquello.

Pero no se trata de eso.

Este libro es sobre las personas.

Sobre las cosas buenas que pueden ocurrir cuando deciden decir No. Cuando se protegen de la gente y las situaciones que les hacen daño. Cuando colocan un escudo frente a las historias y los mitos que los colegas, la familia y las instituciones utilizan para intentar controlarles. Cuando finalmente dicen No a su condicionamiento interno y a la psicología que el cerebro trata de imponerles en sus esfuerzos desacertados por protegerles.

Cuando se trabaja en las cosas que se pueden hacer: observar el papel que juegan, darse cuenta de las emociones, poner atención al crecimiento espiritual.

Hay un mundo nuevo a nuestro alrededor. Un mundo lleno de amor y de innovación, de abundancia y creatividad.

Hay un mundo al que decirle Sí.

Yo (Claudia) no soy perfecta. Ni en lo más recóndito de mi imaginación. Pero voy a decir algo que he aprendido a lo largo de los años, cuando me descubro haciendo algo malo, y lo que es peor, que lo he vuelto a hacer. Es un desastre, ¿no? Cuando hacemos algo que nos perjudica y nos damos cuenta de que no es la primera vez. ¿Cómo he sido capaz?

De lo que me he dado cuenta es de que cada vez que me hago daño a mí misma, hay un No que no he respetado.

Yo (James) he dicho muchas veces Sí sin estar preparado. He dicho Sí a relaciones para las que no estaba maduro o a oportunidades que luego he desperdiciado.

O dije Sí a cosas que no quería hacer.

¿Qué ocurre en esos momentos? Podemos ponernos enfermos. O desperdiciar la energía que hemos almacenado. Podemos hacernos daño físicamente. Deprimirnos. Fracasar.

Estaremos perdiendo un tiempo precioso cuando podíamos haber hecho algo valioso.

El poder del No trata sobre manifestar nuestro propio poder, desde nuestro centro hacia fuera. Trata sobre utilizar la energía del universo para transformarnos en un generador espiritual viviente, lleno de creatividad, abundancia, madurez y amor.

Cuando decimos Sí, es como dejar caer un guijarro en el centro del océano. Las ondas de ese Sí se extenderán hacia fuera y alcanzarán todas las costas.

Esto cambiará el mundo.

Esto nos cambiará a nosotros.

El papel utilizado para la impresión de este libro
ha sido fabricado a partir de madera
procedente de bosques y plantaciones
gestionados con los más altos estándares ambientales,
garantizando una explotación de los recursos
sostenible con el medio ambiente
y beneficiosa para las personas.
Por este motivo, Greenpeace acredita que
este libro cumple los requisitos ambientales y sociales
necesarios para ser considerado
un libro «amigo de los bosques».
El proyecto «Libros amigos de los bosques» promueve
la conservación y el uso sostenible de los bosques,
en especial de los Bosques Primarios,
los últimos bosques vírgenes del planeta.

Papel certificado por el Forest Stewardship Council®